Le Voyage dans l'Est

DU MÊME AUTEUR

Un tournant de la vie, Flammarion, 2018 ; J'ai lu, 2021.
Un amour impossible, Flammarion, 2015 ; J'ai lu, 2016.
La Petite foule, Flammarion, 2014.
Une semaine de vacances, Flammarion, 2012 ; J'ai lu, 2013.
Les Petits, Flammarion, 2011 ; J'ai lu, 2012.
Le Marché des amants, Seuil, 2008 ; Points, 2009.
Rendez-vous, Flammarion, 2006 ; Folio, 2008.
Othoniel, Flammarion, 2006.
Une partie du cœur, Stock, 2004 ; Le Livre de poche, 2006.
Les Désaxés, Stock, 2004 ; Le Livre de poche, 2006.
Peau d'âne, Stock, 2003 ; Le Livre de poche, 2005.
Pourquoi le Brésil ?, Stock, 2002 ; Le Livre de poche, 2005.
Normalement suivi de *La Peur du lendemain*, Stock, 2001 ;
    Le Livre de poche, 2003.
Quitter la ville, Stock, 2000 ; Le Livre de poche, 2002.
L'Inceste, Stock, 1999, 2001 ; Le Livre de poche, 2007, 2013.
Sujet Angot, Fayard, 1998 ; Pocket, 2000.
L'Usage de la vie, incluant *Corps plongés dans un liquide*,
    Même si, *Nouvelle vague*, Fayard, 1998.
Les Autres, Fayard, 1997 ; Pocket, 2000, Stock, 2001.
Interview, Fayard, 1995 ; Pocket, 1997.
Léonore, toujours, Gallimard, 1993 ; Fayard, 1997 ; Pocket,
    2001 ; Seuil, 2010.
Not to be, Gallimard, 1991 ; Folio, 2000.
Vu du ciel, Gallimard, 1990 ; Folio, 2000.

Christine Angot

Le Voyage dans l'Est

Flammarion

ISBN : 978-2-0802-3198-7

J'ai rencontré mon père dans un hôtel à Strasbourg, que je ne saurais pas situer. L'immeuble faisait environ quatre étages. Devant, il y avait quelques places de parking. On entrait par une porte vitrée. La réception se trouvait sur la gauche. Il y avait un ascenseur au fond. Un escalier en bois avec un tapis qui parcourait les marches, et assourdissait les pas. La façade était plutôt moderne. La pierre, blanche. Il y avait des bas-reliefs de forme géométrique. Je crois. C'était pendant les vacances d'été. J'avais treize ans. Je venais de finir ma cinquième. Ma mère avait eu l'idée d'un voyage dans l'est de la France. On a quitté Châteauroux au début du mois d'août. On s'est arrêtées à Reims, à Nancy et à Toul. On est arrivées à Strasbourg un jour de semaine, en fin de matinée.

Ma chambre se trouvait au deuxième étage, et donnait sur la rue. Celle de ma mère à l'étage du dessus, dans la partie latérale. La mienne devait être à l'est ou au sud-est. Car il y avait une très forte lumière. Le papier peint était jaune. J'avais ma salle de bains, mes toilettes. Ma mère et moi partagions habituellement la même chambre. Mon père avait fait la réservation et téléphoné. Elle me l'avait passé. J'avais éclaté en sanglots en entendant la voix.

J'étais assise sur le lit, anxieuse. On a frappé à la porte. Ma mère est entrée.

— Bon. Il vient de m'appeler. Il sort de son bureau. Il sera là dans vingt minutes. Tu préfères l'attendre ici, ou en bas, dans le hall ?

— Ici.

Je me suis mise devant la fenêtre.

Mon cœur battait.

— Qu'est-ce qu'il a comme voiture ?

— La dernière fois, il avait une DS, ça fait un certain temps. Il a dû en changer depuis.

— De quelle couleur ?

— Alors ça… bleue, peut-être.

Je n'avais pas souvenir de lui. Je n'exprimais pas le désir de le rencontrer. Je répondais qu'il était mort quand on me demandait où il était.

— Reste pas là-bas, Christine. Viens. Viens t'asseoir à côté de moi.

J'avais vu une seule photo de lui, elle datait d'avant ma naissance. Il portait une chemise blanche rentrée dans un pantalon ceinturé. Il était mince. Il avait les cheveux bruns, des lunettes.

La figure masculine de mon enfance était mon oncle. Je lui avais offert une année le cadeau fabriqué à l'école pour la fête des pères. Un étui à peigne en skaï qui se glissait dans la poche d'une veste. Parce qu'il aimait s'habiller et se parfumer, et que je n'ai pas osé l'envoyer à mon père. En le lui donnant, j'avais été gênée. Je ne l'ai jamais vu l'utiliser.

Mon grand-père venait à Châteauroux une fois par an. C'était un Juif d'Europe centrale né à Alexandrie qui parlait dix langues. Les relations entre ma mère et lui étaient très difficiles.

Il y avait peu d'hommes dans mon entourage. Les rapports étaient lointains, les conversations limitées à la politesse. Les commerçants. Les pères de mes copines. Tous mes professeurs étaient des femmes. Je fréquentais l'établissement privé de la ville. Les pères attendaient leur fille à la sortie le samedi. Je les apercevais de loin assis au volant de leur voiture, la plupart du temps une DS, ou j'en croisais un, dans le couloir d'un appartement, quand j'étais invitée à un anniversaire.

On a frappé à la porte. Mon père est entré. L'image que j'avais élaborée, à partir de la photo que je connaissais, ne correspondait pas à la réalité. Je n'avais vu ce genre d'hommes qu'à la télévision ou au cinéma. L'allure élégante et décontractée, pas de cravate, le pli du pantalon retombait sur le bout de la chaussure, les cheveux étaient très noirs, un peu longs sur la nuque, une mèche sur le côté. Je me suis jetée dans ses bras, en pleurant, la respiration hachée par les sanglots.

— Je suis contente de te connaître. Je pleure, mais c'est parce que je suis contente. Je suis contente…

— Moi aussi, Christine.

Il a refermé les bras sur moi. Ma mère a posé une main sur ma nuque, et m'a dit des paroles rassurantes.

La pièce était remplie de lumière.

Il avait réservé une table au buffet de la gare, qui figurait dans le guide Michelin et faisait des spécialités alsaciennes.

— Tu aimes la choucroute ?

— Pas tellement non.

— Je vois que tu as de la personnalité, en tout cas.

Ma mère a dit, l'œil brillant, le coin de la lèvre légèrement relevé :

— Elle a de qui tenir Pierre !

Il a souri.

Le sourire était très particulier. Les lèvres fines, et très étirées.

Dans l'ascenseur, il tenait une cigarette entre ses doigts. Les mains avaient la même forme que les miennes. J'ai été surprise que ma mère ne m'ait pas parlé de cette ressemblance.

Puis on est passés devant la réception. Je me suis représenté l'image qu'on donnait, en guettant les regards avec cette image en tête. J'ai senti une bouffée d'orgueil qui m'envahissait. C'était une sensation de légèreté, et d'importance à la fois.

Sur le parking, il marchait devant moi. Il n'était pas aussi mince que sur la photo que je connaissais. Il venait d'avoir quarante-quatre ans. Tout indiquait la confiance en soi. La manière d'allonger le pas, le balancement des épaules, la façon dont elles jouaient dans la carrure de la veste, la tête haute, le dos droit. Ma mère ne déparait pas. Jupe blanche, chemisier vert, collier en ivoire, boucles d'oreilles. Il a pointé une direction, avec ses clés de voiture au bout du bras :

— Tu vois la blanche, là-bas ?

L'autoradio encastré s'allumait avec un gros bouton bleu. Un fouillis de cartes routières et de guides Michelin débordait de la boîte à gants. Il a fermé le clapet d'un coup sec. Le pouce avait la même courbure que le mien, l'ongle rebiquait de la même manière. Il a enfoncé un bouton sur le tableau de bord.

— Qu'est-ce que c'est ?

J'étais sur la banquette arrière, il s'est mis de profil, et a approché le bout rougeoyant de l'allume-cigare de sa cigarette. Il a fait jouer le pommeau du levier de vitesse dans sa main, baissé la vitre et posé un coude sur la portière. Il a mis le contact. Je ne me souviens pas du trajet. En traversant un pont, il a dit que le Bas-Rhin sur la carte se trouvait au-dessus du Haut-Rhin, que ça paraissait étonnant, que ça ne l'était pas. Car la source était au nord. Le ciel était très bleu. Il a parlé du climat continental, des terres éloignées de la mer, des vents marins bloqués par les montagnes, de l'air sec de la plaine d'Alsace, qui annonçait celui d'Europe centrale. Ma mère a évoqué les origines de son père, et son envie de visiter l'Europe de l'Est.

— Paris ne te manque pas trop finalement… Tu t'es bien adapté à Strasbourg…

Je portais un T-shirt rouge avec trois petits boutons, acheté dans un magasin que fréquentaient les filles de ma classe. Ma mère s'efforçait, dans la mesure de ses moyens, de réduire l'écart qui existait entre elles et moi.

La sensation que j'avais eue, en passant devant la réception de l'hôtel, s'est reproduite en traversant la salle de restaurant. Je guettais les regards, avec dans la tête l'image de lui, ma mère et moi.

Elle m'avait dit le matin :

— Si tu dis un truc comme ça en l'air, attention... Il va te demander de te justifier, quand tu discutes avec lui, il faut pouvoir argumenter.

J'avais préparé des sujets de conversation.

Le nom de l'établissement parcourait le bord des assiettes. C'était un nom composé. Les... quelque chose. Je crois. J'étais assise à côté de ma mère, face à lui. J'ai pensé que les gens tout autour n'imaginaient pas ce que représentait pour nous ce déjeuner.

Il a demandé des nouvelles de ma tante.

— Édith, eh bien elle a trois enfants, qu'elle a élevés. Et là, elle vient de reprendre un emploi.

— Que fait-elle ?

— Je l'ai fait entrer à l'hôpital dans lequel je travaille... aux cuisines.

Ma mère avait commencé comme dactylo à la Caisse Primaire d'Assurance Maladie, et avait gravi les échelons. Elle était secrétaire de direction et chef du personnel, d'un établissement hospitalier géré par la Sécurité sociale.

— Mais on va peut-être quitter Châteauroux.

— Où iriez-vous ?

— En Champagne. Peut-être.

Le voyage dans l'Est était fondé sur trois raisons. La candidature qu'elle venait de poser à la Sécurité sociale de Reims. Une amie qui lui avait prêté un

12

appartement à Toul. Et la nouvelle loi sur la filiation, qui permettait au père, avec l'accord de son épouse légitime, de reconnaître a posteriori un enfant naturel.

— Ta maman me dit que tu es bonne élève.

— Oui, mais j'aime pas les maths. Je préfère les langues et le français.

— Les maths sont un type d'expression logique très facile en réalité, tu devrais t'y intéresser. Quelles langues t'enseigne-t-on à l'école ?

— Seulement l'anglais pour l'instant. En quatrième, je vais commencer l'allemand et le latin. Et toi, au Conseil de l'Europe, qu'est-ce que tu fais exactement, tu traduis ce que les gens disent ?

— Ça, ce sont les interprètes, qui traduisent en simultané, la plupart du temps en cabine. Moi, je dirige le service de la traduction. Tu sais ce que sont les langues indo-européennes ?

Il expliquait.

Je me sentais dépassée par l'afflux d'informations. Je commençais à douter de mes dons en langues, et à porter un regard ironique sur moi-même et sur mes ambitions.

— Ils sont bilingues tes enfants ?

— Leur mère s'adresse à eux en allemand depuis qu'ils sont nés...

— Ils n'ont pas d'accent ?

— Ils parlent comme des petits Allemands, c'est très amusant.

— Tu connais combien de langues ?

Il a cité un chiffre entre vingt et trente en le disant approximatif.

— J'aimerais bien rencontrer tes enfants.

— Ils sont encore petits, tu sais.

— C'est pas grave. Tu parles aussi chinois et japonais ?

— Christine, tu vas laisser ton papa un peu tranquille.

Il a répondu qu'il n'était pas spécialiste de ces langues, les pratiquait et lisait les journaux. Dans ce domaine, un de ses collègues occupait le poste qu'il occupait pour les langues indo-européennes, il a ajouté en souriant :

— Nous sommes de bons éléments.

L'après-midi, ma mère et moi nous sommes promenées sur les quais de la Petite France. Le quartier qu'il nous avait conseillé de visiter.

— Il est formidable maman.

— Tu vois que je ne suis pas allée te chercher n'importe qui.

Le fait qu'il l'ait rejetée, quand elle avait été enceinte, après avoir voulu un enfant d'elle, la mise au ban qui en avait résulté dans la société de l'époque, qu'il se soit marié avec une Allemande, quelques années plus tard dans des circonstances analogues, tout était oublié, relativisé, justifié.

— Et j'adore son genre d'humour, c'était drôle quand il a dit « nous sommes de bons éléments… »

— Il a dit ça ?

— Oui, tu sais, à propos de la personne, qui fait le même travail que lui, au Conseil de l'Europe, pour les langues asiatiques.

— Ah oui. Il a dit ça sur un ton pince-sans-rire.

— Et il s'habille bien, je trouve.

— Ce n'était pourtant pas sa caractéristique principale.

— J'adore son style.

— Ça doit être sa femme qui s'en occupe à mon avis.

La dernière fois qu'ils s'étaient vus, à Paris, des années plus tôt, il avait acheté un globe terrestre gonflable en la raccompagnant à la gare, et le lui avait donné pour moi. Le soir, au restaurant, j'en ai parlé :

— Il est sur ma table de nuit. Je le regarde tous les soirs, hein maman ?

Il nous a raccompagnées à l'hôtel. Il a pris l'ascenseur avec nous. Je suis sortie à mon étage, ils ont continué.

L'idée de la sexualité de ma mère ne me traversait pas l'esprit. Au cours d'une longue conversation que j'ai eue avec elle, il y a quelques années, elle m'a dit qu'ils avaient refait l'amour ce soir-là. Elle a ajouté : « Mais il n'est pas resté longtemps. Il est rentré chez lui. »

Le lendemain, on est parties à Gérardmer. Il faisait beau. On roulait vitres ouvertes. Je portais un jean et une chemise indienne. Les pieds nus posés sur le tableau de bord, j'avais les cheveux au vent.

L'hôtel donnait sur le lac. Un escalier en pierre desservait les étages. De mon lit, je voyais le soleil couchant. Et une petite lampe éclairait ma lecture. J'aimais les livres de Caroline Quinn, de Gilbert Cesbron et la série des *Six Compagnons*.

On avait déjà passé des vacances dans cette ville. Il existait une photo de moi au bord du lac. Je portais une poupée dans les bras, un bandeau dans les cheveux, un collier de perles en plastique, de différentes couleurs, qui s'emboîtaient l'une dans l'autre. Je me souvenais du nom de ma poupée, de ma robe, et même de la sensation des bretelles sur mes épaules. Mon père était venu nous voir. On avait fait du pédalo sur le lac. Je n'en avais aucun souvenir.

Il nous a rendu visite le samedi. On s'est promenés dans un parc. À propos de la lumière intense qui s'abattait sur l'herbe verte, il a utilisé l'expression *satt grün,* en précisant que *Ich bin satt* signifiait en allemand « je suis rassasié ». Son visage s'est illuminé à la pensée de l'accord entre les mots et la couleur de l'herbe. C'était ça. Un vert rassasié, repu, comblé. Il a cherché un équivalent en français. Il n'en a pas trouvé. Il a raconté une blague : Un homme se désolait de la réputation de la langue allemande, qu'on disait dure et hachée, comparée au français, qu'on disait doux et harmonieux. Pour démontrer que cette réputation n'était pas fondée, l'homme avait dit d'une voix flûtée, « *Die Vögel singen in den Wäldern* », puis d'une voix gutturale « leSSoiSSeaux chantttent ddans la foRRêt ». J'ai ri aux éclats.

Un peu plus tard, allongée dans ma chambre, je lisais. Le téléphone a sonné.

— Ton papa va partir. Il a quelque chose pour toi, il peut passer te voir ?

Il m'a tendu un sac en plastique, qui contenait un dictionnaire d'allemand, une grammaire allemande et une grammaire italienne.

— … Han, merci. Merci beaucoup.

J'étais touchée, flattée.

Il se tenait debout, au fond de la pièce, à contre-jour.

— Tu es tellement différente de mes autres enfants…

— Pourquoi ?

— Avec toi, tout est simple, et j'ai l'impression que je peux être moi-même. Loulou est charmante…

— Loulou ?

— Oui Louise, tout le monde l'appelle Loulou, elle est adorable, Antoine est un petit garçon très sympathique. Mais ils ne me posent jamais de questions, eux, tu vois, par exemple.

— Ils ont de la chance, pourtant, de vivre avec toi, je trouve, j'aurais bien aimé moi. Je suis fière d'avoir un papa comme toi, tu sais. Je n'aurais pas pu rêver mieux.

— Pour moi aussi, Christine, c'est une rencontre extraordinaire.

Il me regardait dans les yeux. Il a fait un pas en avant, et m'a embrassée sur la bouche.

Le mot inceste s'est immédiatement formé dans ma tête. J'ai pensé en me le formulant :

— Tiens, ça m'arrive à moi, ça !?

On descendait l'escalier. Le sentiment qui dominait en moi était la déception. Ma mère nous attendait en bas dans le hall. Elle a levé la tête. Elle nous a
souri. À l'extérieur, il faisait encore très doux. On
est restés dehors quelques instants, le temps de se dire
au revoir.

— Je t'appelle avant votre départ...

— Si tu veux Pierre.

La voix était claire, comme quand on a la gorge
serrée, et qu'on fait un effort pour le dissimuler.

— Je vais prendre rendez-vous avec mon notaire.

— Oui. Ce serait bien. Pour Christine ce serait
bien.

La nouvelle loi sur la filiation permettait de modifier le livret de famille en remplaçant la mention « de
père inconnu » par le nom du père. La modification se
faisait à la mairie de naissance de l'enfant. Elle
s'accompagnait d'une inscription par un notaire sur le
contrat de succession, qui lui reconnaissait les mêmes
droits qu'à ceux du couple légitime.

Toute une partie du ciel, au-dessus du lac, était rougie par le soleil.

La voiture de mon père s'éloignait.

La relation sexuelle, ayant repris entre eux à Strasbourg, avait anéanti les efforts qu'elle faisait pour l'oublier. Elle avait une angoisse. Elle ne voyait pas d'avenir. Elle était dans le brouillard. Au cours de la longue conversation que j'ai eue avec elle il y a quelques années, elle m'a dit qu'elle était triste de le voir partir, que je l'ai senti, et lui ai touché le bras.

Je ne lui ai pas parlé du baiser sur la bouche. Je l'ai traité comme un événement unique, qui ne se reproduirait pas. J'ai compté sur une mauvaise interprétation de ma part. Je l'ai extirpé de ma tête. L'image me traversait l'esprit. C'était fugace. Je ne voulais pas la faire exister. Je ne m'y arrêtais pas. Je restais sur l'élan des premiers jours, comme une chanteuse qui tient la note. Je me concentrais sur les conversations et mon admiration pour lui. La lecture des livres de grammaire était difficile. Mon esprit s'évadait. J'étais envahie par une impression informe, diffuse, insaisissable, désagréable, dominée par une inquiétude sur mon avenir et ma vie amoureuse future. Je faisais comme si cette inquiétude n'était pas fondée. Je me focalisais sur les aspects positifs. J'ai mis le baiser sur la bouche entre parenthèses. Je l'ai considéré comme un épisode isolé ne méritant pas d'être souligné. J'espérais revoir mon père. Cet espoir me guidait. La perspective de revenir au temps où il était censé être mort était pour moi inenvisageable. S'il recommençait, j'ai pensé que je lui dirais que je ne voulais pas.

Il a téléphoné la veille de notre retour à Châteauroux. J'étais assise au bord du lit, combiné à l'oreille. Un gros téléphone en plastique noir. Je ne sais plus si on était dans la chambre de ma mère ou dans la mienne. J'étais dos à elle. Elle est peut-être sortie à un moment. Ce qu'il y avait autour de moi s'est effacé. La voix de mon père était douce, proche.

— Tu es contente de rentrer chez toi ?

— Oui, mais j'aurais bien aimé grandir dans la même maison que toi.

— Tu te serais probablement lassée.

— Ça m'étonnerait.

— J'aimerais tant te confier ce que je ressens. Je ne me confie à personne, tu sais. Mais ça t'ennuierait sans doute.

— Au contraire.

— Je ne veux pas déranger ta vie.

— C'est impossible. Je suis tellement heureuse de te connaître.

— Ce que je ressens pour toi, je ne l'ai jamais ressenti pour personne.

— Tes enfants...

— Ça n'a rien à voir. Avec toi, j'ai l'impression d'avoir rencontré un autre moi-même. Tu es devenue en quelques jours la personne la plus importante de ma vie.

— Moi aussi je ressens ça. C'est parce qu'on se ressemble, tu crois ?

— Peut-être. Je vais te garder dans mon cœur, et penser à toi. Tu veux bien ?

— Bien sûr, moi aussi.

— Tu sais ce qui se passe, là, quand j'entends ta voix, au téléphone, comme maintenant ?

— Non.

— Mon sexe devient dur.

— …

— Tu sais ce que ça signifie ?

— Non.

— Ça veut dire que je t'aime. Autant qu'il est possible. Et que je ne peux rien contre ça.

J'ai reposé l'appareil sur son socle. Je n'ai rien pensé. Je ne ressentais rien. Je ne pensais pas. Il faut bien voir l'effort que fait la personne pour ne pas penser, et ne rien ressentir.

On s'est promenées une dernière fois au bord du lac. Et on a pris la route. On a parlé. On a chanté. Il a été question de ma rentrée en quatrième.

— Si on va à Reims, ce serait ta dernière année à Sainte-Solange…

— J'ai pas envie d'aller dans une école publique, si c'est ce que tu veux savoir.

— Pourquoi ? Tu penses que tu ne t'adapterais pas ?

— Déjà qu'on changerait de ville, si en plus il faut que j'aille dans une école mixte.

— Tu vas rester éternellement avec des filles ? À l'université, comment tu feras ?

— On n'en est pas là.

J'avais peur des garçons. Je n'en connaissais aucun. J'avais eu à cinq ans un petit copain qui s'appelait Jean-Pierre. Une photo avait été prise dans le quartier qu'on habitait à l'époque. Il me brinquebalait en courant dans une brouette rouge aux rebords de laquelle je m'agrippais en riant. Ma peur des garçons avait commencé un ou deux ans plus tard, quand on s'était installées à la ZUP.

Les arbres défilaient par la vitre à intervalles réguliers. Je cherchais dans ma tête comment parler à ma mère du baiser sur la bouche. Ça restait à l'état d'idée. Je voyais la silhouette de mon père à contre-jour dans la chambre. Son image au moment où ses lèvres touchent les miennes. Je voulais le dire. Mon intention était claire. La forme était vague. Je voulais transmettre l'information. Je ne voyais pas comment. Je ne trouvais pas les mots qui correspondaient. Ils ne venaient pas. La phrase ne se formait pas. L'intention était là. Elle se fracassait sur un vide. J'ai refermé la parenthèse, en espérant qu'elle se rouvrirait.

Le soir, on a dîné chez mon oncle et ma tante. Un paysage de neige était accroché au mur. La pente des toits immaculée, les sillons d'un chemin creusés par petites touches, avec des traces de boue sur le blanc. Mon oncle peignait le dimanche. Des sous-bois. Des villages avec un clocher. Il faisait des petites sculptures sur bois. Un personnage portant un chapeau avec une fourche sur l'épaule. Un homme le dos courbé qui s'appuyait sur un bâton. Il travaillait aux Nouvelles Galeries, et avait rêvé de faire les Beaux-Arts.

— Ça s'est bien passé, la petite était contente ?
— Très bien passé, Jacques. Vraiment.

J'ai joué avec mes cousines dans leur chambre. Je leur ai parlé de mon père. J'ai dit que j'avais un demi-frère et une demi-sœur.

Châteauroux était encore une ville ouvrière. Il y avait l'usine Boussac, les Cent Mille Chemises. Les établissements Balsan étaient dirigés par la même famille depuis cent ans. La Manufacture des Tabacs encore en activité. Des hommes en bleu de travail circulaient à vélo dans les rues y compris les jours de congé. J'étais inscrite à Sainte-Solange. Parfaitement intégrée. Déléguée de classe. J'avais mon groupe d'amies. Leur père était industriel, chirurgien, avocat, directeur de société et architecte.

J'ai reçu une lettre de mon père. J'ai eu du mal à la déchiffrer. Les voyelles étaient minuscules, et les jambages démesurés.

« Ma chère petite Christine,

Il est certain qu'un fil invisible nous relie maintenant, et qu'il ne peut pas se rompre, puisqu'il est immatériel. Écoute, je te raconte un rêve, ou presque un rêve, une impression de rêve. Depuis ton départ, je me fais l'effet d'un scaphandrier en plongée, respirant par un long tuyau l'oxygène que lui fait parvenir de la surface un matelot nommé Christine. Les choses et les gens qui sont ma vie, je les vois comme à travers le hublot d'un casque. Les objets sont muets, les gens gesticulent et ouvrent toute grande la bouche comme des poissons. Un jour, l'un de nous deux tirera sur la corde et je remonterai à la surface, puis je replongerai.

Mais ce n'est qu'un rêve. Toi-même, tu as mieux à faire qu'à m'attendre à la surface, et la vie est assez grande fille pour savoir où elle va sans s'encombrer de nos illusions.

Embrasse très fort ta maman pour moi. Écris-moi. Ton papa. »

Je lui ai répondu.

« Ma chère petite Christine,

Ta lettre prolonge notre rencontre et ajoute quelque chose à l'image de toi que tu m'as laissée, ce qu'elle m'a appris me plaît autant que ce que je savais déjà. D'abord, voyons les questions que tu me poses.

Oui, je prépare un livre, mais ce ne sera pas un livre de linguistique pure, plutôt une étude littéraire sur un sujet bien particulier, puisqu'il s'agira de littérature catalane.

Oui, j'ai lu *Le Petit Chose* quand j'avais à peu près ton âge, mais les *Lettres de mon moulin* et les *Contes du lundi* sont de petits chefs-d'œuvre de psychologie, de finesse et de sensibilité, et je leur donne la préférence.

No, my novel is not out. In fact, I suppose you meant to say short story (nouvelle), *not really novel* (roman). *Besides, it's neither a novel nor a short story, it's simply a small article on a linguistic subject. I hope it will be published in the September issue, but I'm not sure. You may ask for* Vie et langage *in a bookshop this month if you are interested (two francs), but it's not to be found in every bookshop.*

Personne ne m'a jamais envoyé de poème, tu sais. Tu es la première qui l'ait fait. J'aime tes vers, Christine, ce sont les battements de ton cœur.

Moi aussi, je voudrais bien être toujours avec toi.

J'ai envie de t'adresser un grand sourire pour voir si tes dents blanches vont se montrer. Oui, je les vois. Un baiser sur l'œil pour la peine. Embrasse bien ta maman pour moi, et écris-moi.

Ton papa. »

Je n'ai pas répondu tout de suite.

J'avais ma vie à Châteauroux, et mes occupations.

Ma mère a reçu une carte d'Angleterre : « En mission à Londres pour quelques jours, je constate que le climat y est magnifique. En tout cas en cette fin septembre. Portez-vous bien ! Pierre. » Puis, une autre postée de Strasbourg. Je l'ai lue récemment. Après différentes considérations, j'ai remarqué ce passage :

« Il m'arrive souvent de triturer le calendrier dans tous les sens, pour voir si je pourrais me rendre libre et vous faire une visite. C'est bien difficile. Et puis il faut préparer le terrain. Je voudrais savoir si tu aimerais, si vous aimeriez, recevoir ma visite. J'ose à peine poser cette question, parce qu'elle a déjà un peu l'air d'un engagement. Mais il faut bien que je sache où vous en êtes. N'oublie pas qu'il y a longtemps que je n'ai reçu de lettre de toi ou de Christine, et que, dans ces cas-là, on a toujours tendance à faire des hypothèses alarmantes. »

Une absence de courrier temporaire a dû lui faire craindre que j'aie dit quelque chose. Le sens des « hypothèses alarmantes » était sans doute celui-là. J'aurais pu avoir parlé du baiser sur la bouche. Ou avoir rapporté ce qu'il m'avait dit au téléphone, la veille du départ.

Ce n'était pas le cas.

Au contraire. La présence de Gérardmer se désagrégeait dans ma mémoire. La scène de la chambre s'éloignait. Il ne m'en restait que quelques images. Sa silhouette à contre-jour. Le moment où il avance vers moi. Le récit de ce qui s'était passé perdait de son urgence. Je n'essayais plus de parler. La parenthèse, que j'avais refermée, n'arrivant pas à trouver les mots, et espérant qu'elle se rouvrirait, ne s'était pas rouverte. Les qualités de mon père avaient été renforcées par les lettres, et l'espoir de pouvoir dire à mes copines qu'il existait.

Ma mère a dû mettre les « hypothèses alarmantes » sur le compte d'une inquiétude vague, d'un besoin d'être rassuré, comme elle aurait pu en éprouver un elle-même. Le fait qu'il s'inquiète a dû l'émouvoir. Elle a dû penser que le temps et la distance brouillaient la communication.

J'ai répondu à mon père. Il m'a réécrit. Il utilisait du papier à lettres à en-tête du Conseil de l'Europe. Deux traits croisés dans l'angle des feuilles indiquaient le départ du paragraphe.

« Chère petite Christine,

Il faut que tu m'écrives dès que tu as un peu envie de le faire, j'attends toujours tes lettres avec impatience. Demain, c'est le jour des morts. Tu penseras certainement à ta grand-mère, je serai en pensée avec toi pour partager ta peine.

J'approuve tout à fait ton choix de chanteurs et d'acteurs. J'ajouterais certainement quelques Italiens, par exemple Marcello Mastroianni et Vittorio Gassman, parce que j'aime beaucoup le cinéma italien.

Quant aux écrivains, nous en reparlerons, si tu veux bien, car le choix est difficile. Je ne connais pas

Les Six Compagnons. Est-ce que tu peux me dire qui en est l'auteur ?

Ta lettre me parle d'une Mlle Debuchy, mai je n'est pa comprit ce qu'aile ensègne. Tu me le dira dans ta praucjène laitre. La descripsion de la toualète queux tu portait le jour ou tu ma anvoyé ta derniaire l'être ma bocou plu, èle m'as rapelé tes joli desseins.

Tu vois, j'arrive à faire encore plus de fautes d'orthographe que toi !

Je te remercie de tout mon cœur pour ton bel edelweiss, qui est comme une image vivante de toi dans la montagne, et pour ta gentille signature.

Travaille bien.

Je t'adore. Écris-moi.

Ton papa. »

Il est venu à Châteauroux quelques jours avant Noël. Je suis allée l'attendre dehors à la tombée de la nuit. J'ai cherché la forme d'une DS dans l'éclat des phares allumés. Puis j'ai entendu une porte claquer sur le parking. Et une silhouette s'est avancée vers moi. Il portait un long pardessus beige.

Ma mère avait dressé la table dans la salle à manger. Je n'arrivais à dire ni Pierre ni papa. Je ne savais pas comment l'interpeller. Je formais une phrase dans ma tête, je cherchais son regard, et démarrais sans apostrophe :

— Je pourrais rencontrer tes enfants ?

Il a posé une photo sur la nappe. Le petit garçon avait les mêmes lèvres étirées que mon père. Il portait un anorak bleu ciel, la petite fille, un manteau écossais. Elle était assise sur un vélo à trois roues, les mains sur le guidon, les pieds sur les pédales.

Ma mère avait préparé un lit dans le divan du salon.

Le lendemain matin, les draps étaient froissés, l'oreiller utilisé.

Ils sont allés à la mairie. Mon état civil a été modifié.

Au restaurant, le soir, il y a eu une conversation entre eux au sujet de ma future inscription scolaire. Comme entre une épouse et son mari.

— Qu'est-ce que tu en penses, toi, Pierre ?

— Moi, à Strasbourg, mes enfants vont à l'école communale, et ça se passe très bien.

Le ton était sec et le regard froid.

Il y avait un sous-texte : Si tu penses qu'il suffit d'inscrire ta fille dans le privé pour appartenir aux couches supérieures de la société, tu te trompes. Et tu entends dans ma voix le mépris que je porte aux efforts que tu fais pour être acceptée par un monde qui ne t'acceptera jamais.

Le choix du mot « communale » verrouillait le mécanisme, et donnait un dernier tour de vis.

Je ne me souviens pas qu'il ait dit, ou fait, quelque chose de particulier cette fois-là. Il s'est comporté normalement. Je crois.

Les déménageurs sont venus le 30 décembre. Le 30 et le 31, ma mère et moi avons dormi chez les parents de mon oncle. Au cours du réveillon, ma tante a dit :

— Christine, est-ce que tu te souviens de Jean-Pierre, tu sais, ton petit copain Jean-Pierre ? Avec qui tu jouais, rue de l'Indre ? Ça te dit quelque chose ?

— Bien sûr.

— Figure-toi que je l'ai vu. Il travaille dans un garage, rue Ledru-Rollin.

Ma mère a souri :

— Ah c'est drôle, ça. Qu'est-ce qu'il fait, il est apprenti ?

— Sans doute. Christine a treize ans. Lui, il doit avoir quinze ans.

À l'exception d'une heure de catéchisme par semaine, Notre-Dame dispensait le même enseignement que les établissements publics. Ses programmes étaient ceux de l'Éducation nationale, ses professeurs avaient fait les mêmes études, passé les mêmes concours, leur avancement suivait le même barème, ils recevaient le même salaire, et étaient payés par le rectorat. La seule différence, en dehors du fait qu'il n'y avait que des filles, était la sélection opérée par l'argent, la scolarité était payante, et la concentration dans ses murs des enfants de la bourgeoisie. Les familles dont on voyait les noms sur les bouteilles de champagne mettaient leurs fils à Saint-Joseph et leurs filles à Notre-Dame. Je me suis fait une amie, dont les parents étaient viticulteurs. Leur champagne n'était pas aussi connu que celui des familles Lanson, Taittinger, ou Henriot, suffisamment pour qu'ils habitent une sorte de petit château, sur la montagne de Reims. C'était une colline, à quinze minutes de la ville, dont les coteaux étaient couverts de vignes. La conscience que j'avais du niveau social et intellectuel de mon père m'aidait à tenir un certain rang. Je portais son nom. Je ne disais plus qu'il était mort. J'expliquais que mes parents étaient séparés, qu'il vivait à Strasbourg et travaillait au Conseil de l'Europe.

Je recevais des lettres de lui régulièrement. Il y avait toujours un peu d'humour et de poésie. Les sentiments étaient au cœur du propos.

« J'attends toujours de tes nouvelles avec impatience, et Strasbourg est plein de petites Christine, qui surgissent à l'improviste devant moi, à côté d'un arbre qui ne veut pas me dire son nom pour me rappeler combien je me suis montré piètre botaniste pendant notre promenade à l'Orangerie, à la place d'une petite fille de ton âge, aux yeux malicieux et à la langue bien pendue, pour me rappeler que tu n'as ni les yeux ni la langue dans ta poche, à l'aéroport avant mon départ pour Londres, pour me souffler à l'oreille "et si tu m'emmenais, j'aimerais tellement voir l'Angleterre !" »

Il ajoutait, en post-scriptum, qu'après avoir cacheté l'enveloppe il la décachetait, pour me faire part de l'émotion qu'il avait ressentie en inscrivant au dos les lettres de mon nom, qui était aussi le sien désormais.

Je recevais du courrier plusieurs fois par semaine. Mes amies de Châteauroux m'écrivaient. En février, à l'occasion de mon anniversaire, j'ai reçu un colis qui contenait un rond de serviette à mon initiale, en argent massif, qu'elles avaient acheté dans la plus belle bijouterie de la ville, et un album sur l'adolescence. *Virginie a quatorze ans.* On y parlait des transformations du corps, de l'appareil génital, des soins de la peau, de la façon de s'habiller et de décorer sa chambre, des relations avec les parents, et des premières amours. Il y avait des histoires, des témoignages, des conseils. Je l'ai gardé longtemps. Je le feuilletais pour me détendre, ou y trouver un renseignement.

Mon père a fait une première visite à Reims fin février. Je l'ai attendu avec un mélange d'impatience et d'appréhension. Des DS blanches tournaient sur le terre-plein central de la place d'Erlon. Ma mère était encore au bureau. Je devais le guider jusqu'à l'appartement qu'on habitait en périphérie. Je lui ai montré ma chambre et le globe terrestre gonflable sur ma table de nuit. Ma mère est rentrée. Elle s'est effondrée sur le canapé. Il nous a proposé de sortir dîner. On est allés au Continental.

J'ai pu oublier certains détails. Il est possible que je confonde une visite avec une autre. La logique des événements a pu glisser avec le temps. Leur succession, bouger dans ma mémoire. J'essaie de restituer l'ordre tel qu'il a été. Il y a des points fixes, sur lesquels je n'ai aucun doute. Parfois, je parviens à associer des lieux à des climats. D'autres points sont épars, séparés les uns des autres. La logique temporelle est parfois brouillée, estompée, délavée, mais le dessin est là. La forme est là. Ce qui est clair, précis, certain, dont je me souviens parfaitement, sans aucun doute possible, ce sont mes sentiments. Ce que j'ai ressenti. Ce que je me disais à moi-même. Je ne l'ai jamais noté. Je n'en ai fait part à personne. Je m'en souviens avec précision. Avec les tours et les détours. Les oppositions. Les contrastes.

Les choses en balance. Je pourrais refaire la colonne des pour et des contre. Les espoirs. Les décisions. Les résolutions. Les concessions que j'ai arrachées, ou que j'ai cru arracher. La construction des arguments est nette. Je m'en souviens parfaitement. Ainsi que de certaines images, scènes, dialogues. Je peux restituer, et réciter par cœur, certaines phrases. Je ne pourrais pas imiter les tons de voix, mais je les ai en mémoire. Je peux les décrire. Ce qui peut manquer, faire défaut, c'est l'historique. L'ordre. L'enchaînement technique des scènes. La logique de certains gestes. Tel week-end ou tel autre. C'est plus difficile à garantir. Parfois, j'y arrive. Gérardmer, la bouche. Le Touquet, le vagin. L'Isère, l'anus. La fellation, c'est venu tôt. Il n'y a pas de date. Ça arrive bientôt. C'était entre Gérardmer et Le Touquet. L'enchâssement n'est pas toujours certain. Il peut être approximatif et reconstitué. Le point de vue, à tel ou tel moment, est intact. Quand je dis que je ne pensais pas, c'est au sens d'une pensée déliée, partageable, dicible, mais j'avais un point de vue. Je voyais la situation comme de l'extérieur. Je savais ce que j'en pensais. J'avais envie que ça s'arrête. Je ne savais pas comment. Je n'ai jamais été en confiance. J'avais peur. J'ai toujours eu peur. J'étais sur mes gardes. J'étais sur le qui-vive. Je ne m'abandonnais pas. J'attendais des jours meilleurs. Le point de vue, clair. Le corps, en état d'alerte. Il y avait une différence entre moi et ma personne. J'étais à distance de ma personne. Je savais ce que je pensais de la situation. C'était limpide. Je la désapprouvais. Ce qui s'appelle « moi » désapprouvait. Le reste... Quel reste ?

Est-ce que c'était mon corps le reste ? Je ne sais pas. Pas seulement. Le reste ne pensait pas. Le reste attendait. En espérant que ça allait passer. Le reste n'existait pas. Le reste était bloqué. Je ne l'éprouvais pas. Je n'ai pas pu préserver le reste. Je n'ai rien pu faire. J'ai essayé. J'ai cru parfois y arriver. J'ai cru sauvegarder des morceaux. Ça n'a pas marché. C'était illusoire. J'avais mis des barrières pour ne pas penser. Je n'arrive pas toujours à retrouver. Ils ont été sacrifiés. C'est trop tard. Quand je retrouve, c'est désagréable. Parfois, ça m'arrive en faisant l'amour. Ça me gêne.

J'hésite à ce stade. Assembler les pièces éparses, avec le secours de la trame romanesque, et présenter un tissu reconstitué et logique ? Ou, poser les pièces les unes à côté des autres, comme celles d'un vase retrouvé dans des fouilles, pour permettre aux autres de savoir ce qui s'est passé ? Et qu'ils puissent reconstituer l'ensemble ? Dans mes livres précédents, j'ai utilisé les deux options. Ce que je n'ai jamais fait, que je n'ai jamais pu, ou voulu faire, ou cru utile, c'est faire reposer toute l'architecture romanesque sur la solidité de mes points de vue, successifs, leur évolution, leur coexistence. Chaque fois que ce serait possible, ajouter une parole, un mouvement, un paysage. Comme une vie normale, linéaire, pas morcelée, pas non plus imaginée. Il pourrait y avoir un paysage à Nice, et ce qui s'y est passé. Ce qui a été dit. Ce qui a été pensé. À cet endroit-là. Je m'en souviens. Je le sais. Les points de vue sont tous là. Ce que j'ai compris sur une colline, un jour, pendant une conversation. Il faudrait pouvoir l'écrire au rythme de la vie pour que ce soit bien, pour que ce soit juste, pour que ce soit vrai. C'est dur d'écrire la vérité telle qu'elle est, et telle qu'elle a été, alors qu'à l'époque on ne la voyait pas, et de la faire arriver naturellement dans la trame, sans heurt, sans choc, comme si ça coulait, ni imaginé, ni morcelé. La reconstitution. Il faudrait pouvoir intégrer les points de vue à la sensation de quelque chose qui coule. Ce qui n'existait pas pour moi, le corps, la perception, il faudrait le mettre aussi. Le point de vue se complète, se précise, s'affine, progresse, ça prend toute une vie. Par exemple, cette première visite à Reims. Ma mère avait préparé un lit dans le salon. Cette fois-là. La première visite. Je crois. Mais. Est-ce qu'il n'a pas dormi à l'hôtel? Le divan non défait, ce serait la fois suivante? Non. Il a peut-être passé une nuit à la maison, et une nuit à l'hôtel. Je pense que c'est ça. Quel hôtel? L'Hôtel de la Paix, qui se trouvait place d'Erlon? L'Hôtel Crystal, sur le trottoir d'en face? Le premier soir à la maison, le deuxième à l'Hôtel de la Paix, ou au Crystal... Est-ce que je ne confonds pas l'Hôtel Crystal et le restaurant du Crystal? Où je suis allée une ou deux fois avec lui. Ou est-ce que c'était avec Pierre, que j'y suis allée? Un garçon que j'ai rencontré plus tard, et qui descendait à l'Hôtel Crystal? C'est possible. Est-ce que c'est important? Oui. Pour reconstituer le fil. Pour la reconstitution. Ce restaurant avait des fenêtres à petits carreaux, et des boiseries. La salle était vaste, les couleurs chaudes. Il donnait sur la même cour que l'Hôtel Crystal. On avait déjeuné à une table près d'une fenêtre. Il avait lu

Le Monde en attendant les plats, les pages dépliées entre lui et moi.

Ma mère rentre du bureau. Elle s'effondre sur le canapé. Il nous propose de sortir dîner. Elle prépare un lit dans le salon.

On est allés au Continental. Ou au restaurant de l'Hôtel de la Paix, qui avait une volière. On entendait des chants d'oiseaux. Des oiseaux de petite taille, et de différentes couleurs. Les murs étaient bleu vif. Ils ont mangé des huîtres. Moi, du saumon fumé pour la première fois.

Le lendemain matin, le divan du salon n'était pas défait. Il y avait un bruit d'eau dans la salle de bains. Ma mère traversait la pièce. Elle s'est arrêtée, et m'a caressé la joue. J'ai pleuré.

— Ben, qu'est-ce qui se passe ?

— Comme les draps n'ont pas été défaits, ça me fait bizarre de voir que mon papa n'a pas dormi dans le divan. C'est rien. C'est bête. Excuse-moi.

— C'est pas facile, tout ça, pour toi…

— Non, c'est moi qui ai tort. J'ai tort de pleurer. Un papa et une maman qui dorment dans la même chambre, c'est normal, c'est tout à fait normal. Je suis contente, au contraire. C'est bien. C'est moi qui suis bête.

Elle a dit, en sortant :

— À ce soir. Promenez-vous bien.

On est allés à Amiens. Dans la voiture, je lui ai posé une question sur l'école d'interprétariat de Genève. Il m'a dit qu'elle était excellente, mais difficile. On traversait un paysage banal. Des plaines. Un ciel gris. Il portait un pantalon en velours. Ses deux mains étaient sur le volant. Il en a posé une sur mon genou.

J'ai fait comme s'il ne se passait rien. Je ne voyais pas quoi dire ni comment. Je n'ai rien dit. Je regardais le paysage devant moi. Le pare-brise. Les essuie-glaces couchés au bas de la vitre. La main allait et venait sur ma cuisse. Elle s'est déplacée vers le haut. J'ai été consciente de sa position à tout moment. Mon attitude était celle de quelqu'un qui n'a rien de particulier à dire. Donc qui ne dit rien, qui ne fait rien. Mon état intérieur, à l'opposé. J'étais agitée. Ce que je ressentais aurait mérité d'être exprimé si je m'en étais sentie capable. Je dissimulais mon incapacité par un comportement sans histoires. Les passages de main m'inquiétaient. J'appréhendais leur parcours. Je craignais qu'il devienne de plus en plus difficile de faire semblant que la limite n'était pas dépassée. Ou de faire semblant d'accepter qu'elle le soit. Je ne les aimais pas. Il était impératif que ça ne dépasse pas une certaine limite. Parce que je savais que je ne saurais pas quoi dire dans ce cas. Mon esprit était occupé à raisonner. Il n'était pas vide. Je surveillais. J'avais une fonction. La surveillance. C'était une surveillance de tous les instants. Proche. Serrée sur le mouvement. Le déplacement de la paume de main. Ou même d'un doigt sur le tissu de mon pantalon. Ne m'échappait pas. Je surveillais, je surveillais, je surveillais. J'étais obnubilée par ma fonction. D'autant plus qu'elle risquait d'être inutile, et que je le savais. Je le sentais. Je le prévoyais.

40

Je n'étais pas bien. Si la limite, que je pouvais faire semblant de supporter, venait à être dépassée, comme je ne pourrais rien dire, je serais foutue. J'avais conscience que je ne saurais pas réagir. Et que j'aurais peut-être à en supporter plus. Mon raisonnement se bloquait avant. Je n'allais pas jusque-là. Je continuais d'interpréter les passages de main comme anodins, et de m'accrocher à leur innocence. Il y avait un problème. Je le savais. Ça n'allait pas. J'aurais préféré qu'il ne me touche pas. J'ai préféré estimer que la limite n'était pas franchie et que ça passait. Dans le cas contraire, je n'aurais pas su comment réagir. J'ai préféré garder une interprétation favorable de la situation. Le plus longtemps possible. Sachant que je n'avais pas d'autre solution. J'ai repoussé plusieurs fois la limite acceptable. J'étais pressée de sortir de la voiture. D'être mêlée aux passants.

On est entrés dans la cathédrale. Il m'a aidée à décrypter des inscriptions latines. Je me suis sentie privilégiée. On a visité les hortillonnages. On a déjeuné hors de la ville dans un restaurant classé. Le maître d'hôtel m'a proposé de la crème fraîche avec le saumon fumé.

— Non merci, j'aime autant avec du citron.

Mon père m'a demandé après son départ :

— Pourquoi lui as-tu dit « j'aime autant » ?

— Parce que, je préfère.

— Alors dis « je préfère ». « J'aime autant » est une expression qui prouve un esprit moutonnier en prétendant à l'originalité, c'est idiot. Comme ces journalistes qui écrivent « persiste et signe », en croyant se distinguer, alors qu'ils emploient un poncif, moi, si j'étais journaliste...

Il a levé la main comme s'il tenait un stylo.

— ... moi, si j'étais journaliste...

Il l'a rabattue sur la nappe :

— J'écrirais : « persiste ». Point. Et ce serait justement là, l'originalité.

Les portes de la DS se refermaient avec un bruit lourd. À l'intérieur, on se sentait coupé du monde. Des cassettes enregistrées traînaient sur le tableau de bord.

— Je peux ?

J'ai glissé l'adagio d'Albinoni dans la fente de l'appareil, calé mon dos sur le siège, et renversé ma tête en arrière sur l'appui-tête.

— Tu es fatiguée ? Tu veux t'allonger sur mes genoux ?

— Non, je suis bien comme ça.

— Tu peux mettre ta tête sur mon épaule...

— Non. Ça va.

Il n'a pas insisté.

J'ai pensé : Voilà, il suffit que je dise non. J'étais assise sur mon siège. Ses mains sur le volant. J'étais consciente qu'elles pouvaient revenir. J'en avais peur. Mon attitude ne reflétait pas ma peur. Je pensais une chose, j'en manifestais une autre. Quand je dis que je ne pensais pas, c'est parce que je pensais tout le temps à quelque chose. Je n'avais pas le temps de réfléchir. Mon esprit était toujours occupé. Je surveillais tout. C'était une surveillance constante, sans relâche. Les gestes, les expressions. Je traquais les signes d'évolution. Je contrôlais ce qui était effectif. J'appréhendais ce qui pouvait survenir. Donc je ne pensais pas. Je ne pouvais pas. C'était impossible. Je n'avais pas le temps. Je devais juger, affiner le jugement, voir où c'en était, surveiller la situation. Je devais adapter mon point de vue à tout moment. Le préciser. Je passais mon temps à surveiller quelque chose sur quoi je n'avais aucun impact. Je ne pensais pas à moi, ni à la jeune fille que j'étais. Je n'avais pas le temps. J'avais autre chose à faire. Identifier ce qui lui arrivait, pour limiter les avancées. Envisager des parades. Imaginer leur mise en œuvre.

La surveillance ne changeait rien. Les gestes avaient lieu. Surveillance. Barrages. Contrôles. Quand ils arrivaient, il fallait faire semblant que ce n'était pas grave. Faire semblant est devenu une attitude générale. Un automatisme. Applicable à tout. Qui imprégnait toutes mes relations. L'attitude que je devais adopter avec lui déterminait ma façon de parler de lui aux autres. Il fallait qu'il y ait une cohérence. Je ne pouvais pas passer d'un état d'esprit à un autre radicalement différent, selon les interlocuteurs. Lui, ou les autres. Lui, ou ma mère. Lui, ou Véronique. Il fallait que ce soit cohérent. Avec tout le monde. Avec lui, et avec les autres. Je barrais l'accès aux points négatifs, avec lui, et avec les autres. J'insistais sur les points positifs. Je les accumulais. J'en faisais une forteresse à l'intérieur de laquelle ce qui existait n'existait pas. L'adagio d'Albinoni en fond sonore, on roulait dans une forêt. J'étais plutôt bien. Mon genou était libre. Il a remis sa main. Je m'y attendais. Je savais qu'il allait le faire. Je

43

n'avais pas lâché. J'étais restée en état d'alerte. Les muscles de mes jambes étaient tendus sous la main. L'état d'alerte ne changeait rien. Je ne pouvais rien empêcher. J'ai pensé qu'il fallait s'assurer d'un dosage, et surveiller le dosage. Pour que les passages de main ne fragilisent pas trop le rapport normal. Ce risque me préoccupait. Je savais que la main allait repartir. Il allait la remettre sur le volant. Je me concentrais sur cet horizon. C'était un but. Comme quand on regarde la côte depuis un bateau. J'étais impatiente de l'atteindre. Je regardais le tableau de bord en bois ciré. L'empilement des cartes routières dans la boîte à gants. Le bouton bleu de la radio. Le paysage défilait par la vitre latérale. Regarder sur le côté m'aidait, une plaine grise, fondue avec le ciel.

— Ce n'est pas très beau comme paysage…

Intérieurement, j'argumentais pour moi-même. Une de mes thèses était : c'est par manque d'habitude que je suis mal à l'aise. Ces gestes peuvent sûrement s'intégrer à une relation père-fille normale. Je ne croyais pas à mes propres arguments. Ils étaient forcés, tirés par les cheveux. Je savais que ce n'était pas ça. La probabilité n'était pas nulle, elle existait. C'était une de mes thèses.

La deuxième était que les passages de main empiétaient, risquaient d'empiéter, sur le rapport père-fille normal. Je n'étais pas naïve, je le savais. Mais n'en demeuraient pas moins des gestes anodins. Je ne les appréciais pas à titre personnel. Une main sur un genou. C'était une déception comparée à l'idéal. Ils provoquaient en moi de la crainte. Mais ce n'était pas grave. C'était la deuxième thèse.

44

Il y avait une troisième option. L'incertitude. L'interprétation pas si évidente. Pas si claire. Je m'accrochais à cette incertitude, m'en voulant de ne pas être plus à l'aise, me trouvant bête, gamine, ridicule.

La route traversait une plaine. J'essayais de faire comme si je ne sentais pas la main, et que ça n'avait pas d'importance. Faire semblant, imaginer, me mentir à moi-même, étaient mes recours. Donc, j'étais concentrée. Il le fallait.

— Tu as les guides Michelin de toutes les régions ?

Une partie de moi était occupée à parler, l'autre à surveiller. Il a posé ses deux mains sur le volant, et m'a demandé ce que faisaient les parents de Véronique.

— Ils sont viticulteurs. Elle adore les langues, elle aimerait bien te rencontrer.

La pluie roulait sur la vitre balayée par les essuie-glaces. Il a remis la main sur mon genou. J'ai repris la surveillance. C'était gris tout autour. Des champs plats, un horizon brumeux, des villages. J'ai pensé que la raideur de mes muscles risquait de signaler une appréhension. Une tension. J'ai eu peur qu'il s'en aperçoive. Je les ai relâchés. Mes cuisses se sont aplaties normalement sur le siège. J'étais fatiguée. Elles se sont détendues dans mon pantalon serré. La chair s'écrasait sur le tissu. J'ai pensé : tant pis, je relâche mes muscles. J'espère qu'il ne voit pas ma chair s'écraser sur le fauteuil, que ça ne provoque rien en lui, que ce n'est pas quelque chose qui l'attire.

— Qu'est-ce que tu fais avec ta cuisse ?

— Rien.

— Souris-moi… montre-moi tes petites dents blanches.

J'ai tourné la tête en souriant.

— Tu es belle. Très belle. Ma mère aussi avait des grands yeux noirs, comme les tiens.

— Tu l'aimais beaucoup ?

— Quand j'étais petit garçon, oui, bien sûr. Elle est devenue assez ennuyeuse.

— Tu sais, maman, elle n'est pas naturelle avec toi, elle n'est pas comme ça d'habitude. Là, elle essaye de bien parler, elle fait des efforts. Ça m'énerve. Elle m'a énervée hier.

— Ne sois pas sévère avec ta maman, elle est très gentille, et adapter son langage aux personnes auxquelles on s'adresse est une preuve d'intelligence, au contraire.

Il s'est garé à l'orée d'une forêt. Il voulait faire quelques pas dans la nature. On s'est engagés dans un sentier. La manche de son manteau touchait le mien.

Il a levé la tête vers la cime des arbres.

— Regarde, ce sont des hêtres.

Il a ramassé une feuille au sol et m'a montré les nervures.

— Tu es bien, là ? Tu aimes ce silence ?

— Oui.

— Christine… J'aime dire ton prénom. Tu as pris toute la place dans mon cœur, tu sais. Il n'en reste plus pour les autres.

Il a posé sa bouche sur la mienne.

— Ouvre les lèvres… Un peu plus.

Il a eu un sourire attendri.

— Pas comme ça...

Attendri et amusé.

— Non... il faut respirer par le nez...

Le baiser sur la bouche de Gérardmer avait été rapide, le moment de poser les lèvres et de les retirer, celui-là a été humide, mou, glissant, long. J'ai été surprise par la salive. Elle débordait sur la peau. Mon menton était mouillé. Je n'osais pas l'essuyer par peur de le vexer. Il a pris ma taille entre ses doigts, sous mon manteau, pour me rapprocher de lui.

— Maman va nous attendre, il faudrait qu'on rentre.

— Je reste à l'hôtel, moi, ce soir.

Il avait rendez-vous à la Bibliothèque nationale le lendemain matin très tôt.

J'ai appelé ma mère en arrivant. J'ai dit que je dînais avec lui dans le restaurant qui avait une volière. Il n'a pas pris de dessert. Le pépiement des oiseaux lui faisait mal à la tête. Il voulait monter dans sa chambre pour être dans la pénombre.

— Tu me ramènes à la maison avant ?

— J'ai besoin de m'allonger quelques minutes. Je t'appelle un taxi ?

— D'accord. Je t'attends.

Il m'a demandé de poser ma main sur son front.

— Humm... Comme elle est fraîche...

Et de m'allonger à côté de lui.

Il a passé une main sous mon pull. Ma peau était nue. À l'époque, je ne portais pas de soutien-gorge.

Une heure plus tard, dans la voiture, sur le parking en bas de chez moi :

— Tu voudras que je revienne te voir ?

— Oui.

— Tu es sûre ?

— Tu ne montes pas dire au revoir à maman ?

J'ai expliqué à ma mère qu'il partait tôt le lendemain matin. Et j'ai pris la direction de ma chambre.

— Tu restes pas un peu avec moi ?

— Il faut que je prépare mes affaires pour l'école…

— Alors… Moi je me débrouille pour faire des courses en sortant du bureau, et qu'on puisse dîner à la maison tous les trois, puisque c'était entendu comme ça, au départ, tu m'appelles au dernier moment, et tu me dis que vous dînez au restaurant. Avoue que ce n'est pas très agréable. Je ne suis sans doute pas aussi intéressante que lui. J'en conviens. J'en conviens bien volontiers. Mais je ne suis pas à votre service, vois-tu. Et ça, pour la prochaine fois, je m'en souviendrai.

— Je peux aller me coucher là, ou il faut absolument qu'on parle de ça ?

Je suis allée dans ma chambre. J'ai fermé la porte. Elle a frappé quelques minutes plus tard.

— Oui, quoi ?

Elle pleurait debout dans l'encadrement :

— Je ne suis pas très en forme en ce moment, excuse-moi. Et c'était pas facile aujourd'hui au bureau. Je pensais me détendre en dînant avec vous, j'ai été un peu déçue, c'est pas grave. C'est rien. Ça va aller. Mais il ne faut pas qu'on s'énerve, toutes les deux. Hein ? Et toi, ç'a été ?

— Tu sais ce qu'il m'a dit ? Il m'a dit que j'avais les mêmes yeux que sa mère…

— Tout vient de lui, alors, si je comprends bien. Il t'a dit s'il revenait bientôt ?

— On ira peut-être à Paris la prochaine fois.

Pour se dire qu'on pensait l'une à l'autre, on tapait trois petits coups dans le mur qui séparait nos deux chambres. Je l'ai fait. Elle a répondu. J'ai éteint la lumière.

Je n'arrivais pas à dormir. Je réfléchissais.

Je me disais que j'avais fait des erreurs, et recensais les torts que je devais m'attribuer. Il avait proposé d'appeler un taxi. Au lieu de dire oui j'avais dit « je t'attends ». Il m'avait demandé de poser ma main sur son front, ça, je ne me le reprochais pas. Mais quand il m'avait demandé de m'allonger à côté de lui, j'ai pensé que j'aurais dû refuser. J'ai jugé mon comportement incohérent, je ne pouvais pas m'allonger près de lui, et espérer qu'il comprenne que je souhaitais des relations normales. J'ai estimé que j'aurais pu éviter tel geste, tel mouvement, qu'il s'agissait d'erreurs de ma part. J'en avais été consciente sur le moment. Il y avait eu une brume de culpabilité au fond de ma tête toute la journée.

J'ai préféré imaginer que j'avais une part de responsabilité plutôt que de me voir comme quelqu'un qui subit passivement sans rien faire. Je me suis forgé une culpabilité. J'ai pensé que j'aurais pu modifier le cours de la soirée par mon comportement. Ç'a été ma façon de raisonner après avoir tapé trois petits coups dans le mur, et le moyen de contourner la réalité. Je savais ce que signifiaient les actes de mon père. J'ai préféré me voir comme quelqu'un qui a son caractère, ses torts, qui fait ses erreurs, et qui les regrette en cherchant le sommeil.

Le lendemain, à la récréation, Véronique et moi avons parlé des métiers qui nous attiraient, des langues qu'on voulait apprendre et de nos parents. Elle m'a dit que son père ressemblait à Jacques Brel. On a eu une discussion sur ce type de physique, et ce type de charme.

— Et toi, ton papa, il est comment ?

— Brun, de taille moyenne, avec les cheveux un peu longs sur la nuque.

— Son livre, il va sortir bientôt ?

— Pas tout de suite, c'est long, tu sais. Il faut vérifier toutes les hypothèses. Là il doit aller à Carcassonne voir des inscriptions sur des tombes, il va peut-être m'emmener. Et il prépare un livre sur la littérature catalane aussi.

— Tu as de la chance d'avoir un papa comme ça. J'aimerais bien le rencontrer.

— Il va revenir la semaine prochaine. Je te le présenterai.

On a fait la liste des filles qu'elle inviterait à son anniversaire dont la date approchait. Je notais les noms qu'elle citait.

— Fabienne…

— Ah non. Pas Fabienne.

Les cheveux roux, la peau blanche, des boutons dans le cou, un nom considéré comme ridicule, objet de moqueries quand les profs faisaient l'appel, Fabienne était le bouc émissaire de la classe.

— Si. Mais pour s'en moquer.

Véronique proposait d'aller dans un bois près de chez elle, de la perdre, pour qu'elle ait peur dans la forêt et qu'elle pleure.

Le week-end suivant, mon père est venu me chercher à l'école. On avait rendez-vous sur le parking de la place Godinot. J'aurais préféré devant la grille pour que tout le monde le voie. Il n'y avait pas de DS blanche. J'ai pensé qu'il n'était pas venu. J'ai fait le tour de la place la peur au ventre. Il était au volant d'une CX. Vitre ouverte, coude sur la portière, il fumait.

— Je peux aller chercher Véronique ? Elle aimerait bien te rencontrer.

J'ai couru jusqu'à la grille.

— Viens. Il est place Godinot.

J'ai fait les présentations. Elle est repartie.

Pour éviter les trajets de l'hôtel à l'appartement, il avait réservé deux chambres. Après le dîner, il m'a accompagnée dans la mienne. Il est entré dans la salle de bains. Il en est ressorti le bas du corps nu. Je n'avais jamais vu de sexe masculin. La réalité ne correspondait pas à ce que j'avais imaginé. J'étais assise sur le lit. Il est venu à côté de moi. Il m'a enseigné les termes érection et fellation. Il a touché mes seins à travers mon pull. Il a pris ma main, et l'a posée sur son pénis. Il m'a montré comment la faire aller et venir sur son sexe pour le caresser.

Je suis rentrée à la maison le dimanche soir. Ma mère avait été seule tout le week-end. Elle était allée au cinéma.
— Le film était bien ?
— Oh tu sais, c'est pas très drôle. Tous les autres sont en couple, toi, t'es là, toute seule, comme une imbécile.
— Le film était bien ou pas ?
— Sans plus. De toute façon, j'ai le cafard en ce moment. T'inquiète pas, ça va passer. Et toi, ç'a été ?
— Très bien.

Distordre la réalité, d'un côté un black-out total, de l'autre une mise en lumière excessive, me demandait des efforts. Il fallait ignorer des pans de réel entiers, éclairer les points positifs, faire semblant d'avoir oublié certaines scènes, maintenir à flot un niveau de fierté. J'avais une période de référence. Les huit jours entre la rencontre à Strasbourg et le baiser sur la bouche à Gérardmer. Une unité de mesure. La joie que j'avais éprouvée entre ces deux dates. Une méthode. Il fallait que je puisse prétendre, à mes propres yeux, que j'étais heureuse. Je devais me convaincre moi-même. Il fallait traiter les scènes en trop par le mépris, et les considérer comme des scories à déblayer.

Il était passionné d'aviation et prenait des cours de pilotage. Il a obtenu son brevet. Il est venu me chercher en avion pour aller au Touquet. À l'aérodrome, ma mère l'a interrogée sur la sécurité du vol. Il nous a fait passer notre baptême de l'air. Elle est repartie. On a décollé. L'avion était rouge et blanc. Un petit avion de tourisme à hélice. Le bruit du moteur résonnait dans la cabine. Il utilisait l'alphabet aéronautique pour communiquer avec la tour de contrôle. Il y avait Bravo et Delta dans la dénomination. J'ai pris des photos avec un petit appareil Instamatic. Le temps clair. Les surfaces cultivées séparées par des lignes géométriques. Les ailes rouges qui se détachaient sur le ciel bleu.

J'ai eu des nausées. Je me suis concentrée sur la vue pour ne pas y penser.

— J'ai mal au cœur.

— Je n'entends pas.

J'ai crié par-dessus le bruit du moteur.

— J'AI. MAL. AU. CŒUR.

— Où as-tu mal ?

— Au cœur.

— Montre-moi, je ne comprends pas.

J'ai indiqué la zone autour du diaphragme, avec ma main qui tournoyait.

— C'est cardiaque, c'est grave…

— Non, mais je ne suis pas bien, j'ai mal au cœur.

— Je ne connais pas cette expression.

Je me suis demandé si ça ne se disait qu'à Châteauroux.

— J'ai envie de vomir.

— Ce sont des nausées ?

— Oui, c'est ça.

— Ne dis pas que tu as mal au cœur, c'est absurde. Retiens-toi. Si tu savais ce que coûte la location d'un petit avion comme celui-là…

Je l'ai photographié sur la piste d'atterrissage. Une main posée sur l'appareil, il regardait l'objectif en souriant, la position du corps, légèrement déhanchée.

L'hôtel était situé rue de Paris, à deux pas de la rue Saint-Jean, au centre de l'animation. Un boulevard longeait la mer. Une femme se promenait sur la plage. Il a trouvé émouvante la façon dont elle chancelait sur ses jambes. Un peu plus loin, il m'a fait remarquer un homme qui avançait en plantant ses deux pieds dans le sol, et s'est émerveillé des différences entre les sexes.

— Tu aimes être une femme ?

— Oui.

— Pourquoi aimes-tu être une femme ?

Je n'ai pas trouvé d'argument. Je n'ai pas su justifier ma réponse. Je n'ai pas pu expliquer.

Des chars à voile filaient sur le sable propulsés par le vent. On s'est arrêtés pour les regarder. Un type a crié à un autre, qui marchait sur la plage :

— Allez, viens. Je t'emmène. Tu vas voir, c'est fantastique.

L'autre a fait non du doigt.

— Mais si, viens. Allez. Tu vas voir, c'est extraordinaire.

Mon père a crié à l'homme :

— Et moi, vous m'emmenez, moi ?

L'homme l'a regardé d'un air hautain.

— Je ne vous ai pas proposé à vous. J'ai proposé à un ami.

J'ai eu deux pensées parallèles :

Cet homme ne se rend pas compte qu'il perd l'occasion d'être en contact avec quelqu'un d'extrêmement intelligent.

Tiens, toi, prends ça dans la figure. Ça ne te fait pas de mal d'encaisser un échec, pour une fois.

J'ai dit à voix haute :

— Il aurait pu te faire faire un tour quand même...

Je ne me suis jamais opposée à lui frontalement. J'entrais toujours dans sa logique. Je n'ai jamais fait valoir des arguments contraires aux siens. Même sur des points secondaires. Je gardais mon avis pour moi. J'avais peur d'être une personne face à lui. Que mon point de vue soit écrasé. Je n'ai jamais eu la force d'exposer une pensée différente.

Un café très fréquenté faisait l'angle de la rue de Paris et de la rue Saint-Jean. On était près de la vitre. Il m'a montré deux hommes, qui déjeunaient au fond de la salle.
— Tu vois ces deux hommes ?
— Oui.
— C'est un couple. Tu sais comment deux hommes font l'amour ?
— Non.
— L'un pénètre avec son pénis dans l'anus de l'autre. J'ai failli, moi, une fois, avoir une expérience homosexuelle, j'avais rencontré un type, on devait se retrouver le soir dans une caravane... J'y suis allé, il n'est pas venu. Je le regrette, car ça ne s'est plus présenté. Il faut avoir des expériences. Il ne faut pas parler sans savoir.
Il faisait beau. Les gens se promenaient dans les rues. Il y avait des couples, des familles.
— On va se balader ?
— C'est fatigant, tu sais, de piloter un petit avion comme celui-là ai besoin de me reposer un peu.

Je lisais allongée. La lumière du jour inondait ma chambre. On a frappé à la porte. J'y suis allée.
— On sort ?
Il a pris ma main, il l'a posée sur son torse :
— Tu sens comme tu fais battre mon cœur ?

56

Il s'est allongé sur mon lit. J'ai pensé au temps qui restait pour se balader dans la ville.

— Viens à côté de moi, et tire un peu les volets.

Il a glissé la main sous mon pull.

— Pourquoi tu fais ça ?

Il a chuchoté :

— Parce que je t'aime, Christine. Souris-moi. Tu veux bien ?

Il a approché sa bouche, a pincé mes lèvres entre les siennes, et les a mordillées. La salive coulait sur mon menton. Il a fait glisser la fermeture Éclair de mon pantalon. Il me l'a retiré. Le bas de mon corps était nu jusqu'à la ceinture.

Il me regardait, en appui sur un coude :

— Tu es belle.

Il a mis sa tête entre mes jambes. C'était une situation que je n'avais jamais imaginée. Il a commenté la forme de mon sexe, la couleur, l'odeur. Il l'a caressé.

— C'est bizarre, j'ai de la sueur au sexe.

— Ce n'est pas de la sueur. Ça veut dire que tu aimes.

Il a fait des remarques sur le goût. Il a mis un doigt à l'intérieur de mon vagin. Le doigt s'est enfoncé.

— C'est difficile, tu sais, pour un homme, de désirer une femme pendant des heures. Sans pouvoir se libérer. Regarde mon sexe. Tu vois ? Touche. Tu veux bien le toucher ?

Je n'ai jamais croisé de regard suspicieux, ou étonné, parmi le personnel des hôtels. On est allés au cinéma du Casino. On a vu un western italien avec Terence Hill. *Mon nom est personne.* Il l'a trouvé amusant. Les tables de jeu étaient interdites aux mineurs. Il a disparu dans une salle. Je l'ai attendu dans un grand hall éclairé. De mon âge, seul sur une banquette, il n'y avait personne d'autre.

Le lendemain, on s'est promenés dans une pinède parsemée de villas luxueuses. Il prenait du recul, faisait semblant d'estimer la valeur de l'une, et rapportait son estimation au chiffre de ventes que son livre devrait atteindre pour qu'il puisse se l'offrir. Je riais, et courais vers une autre.
— Et celle-là ?
— Ah celle-là... celle-là est très belle...
Au restaurant, sa chaussure touchait la mienne, il me regardait fixement.
— Je bande.
— Et si ma vie est gâchée...
— Au contraire. Tu ne risques rien avec un homme qui t'aime.
— Pourquoi au contraire ?
— Tu gagneras du temps. Les femmes se plaignent beaucoup, tu sais, des difficultés qu'elles ont avec les hommes. La plupart ne font pas attention à elles. Ils ne savent pas leur faire l'amour. Ils ne savent pas ce qu'elles aiment. Toi, tu auras une expérience. Tu auras un point de comparaison.
— Pourquoi tout le monde dit que c'est dangereux alors ? Et pourquoi c'est interdit ?
— Ça n'a pas toujours été le cas. Dans certaines sociétés, très évoluées, c'était un signe de distinction, au contraire, de supériorité. C'était un privilège qu'on

58

accordait aux pharaons, de pouvoir épouser leur fille, et dans certaines civilisations, une marque de la très haute aristocratie.

— Oui mais, nous, on n'est plus dans cette civilisation.

Au Touquet, ou ailleurs, il m'est arrivé de voir ses yeux s'ouvrir au réveil, et découvrir mon visage sur l'oreiller, en ayant l'air de m'aimer. Il y a probablement eu des sentiments. Je ne peux pas tout mettre sur le compte de la manipulation. Ça paraîtrait un peu facile.

Ma mère est venue me chercher à l'aérodrome de Reims. Ils ont échangé quelques mots. Il a redécollé pour Strasbourg.

Le soir, il y avait une émission avec Gilbert Bécaud. Un chanteur que ma mère et moi aimions beaucoup, dont le père était invité, car il était chanteur. J'ai dit :

— Ça doit être formidable, quand on a une passion, d'avoir un fils qui fait le même métier que soi.

— Oui. Et parfois, tu vois, le fils est mieux que le père.

— Pourquoi tu me dis ça ? Moi, ce sera forcément moins bien ce que je ferai.

— T'en sais rien.

— Tu te rends pas compte de son niveau en fait. T'es pas consciente de la difficulté d'apprendre une langue. Et du niveau qu'il faut atteindre pour devenir interprète. Ça ne sert à rien de me dire que je vais faire mieux que lui, puisque c'est pas possible. Je suis pas bilingue. Je suis jamais allée en Allemagne.

Je suis jamais allée en Angleterre. Comment tu veux que je fasse ?

— Tu feras peut-être autre chose. Ce que tu feras, dans ton domaine, ce sera peut-être mieux que ce que lui fait dans le sien.

— Tu comprends pas hein. J'ai pas envie d'être dans un autre domaine. Ce qui m'intéresse, c'est les langues. Ce que j'aime, c'est ça. C'est ça le domaine qui m'intéresse.

— Parles-en à quelqu'un qui te comprend. Il va revenir bientôt.

À Pâques, on est allées à Châteauroux. On est passées au garage de mon petit copain Jean-Pierre. Il portait une combinaison tachée de cambouis. C'est ma mère qui a parlé. On s'est à peine regardés. Il a eu l'air gêné. Je l'ai été aussi.

Le lendemain, la famille était réunie chez mon oncle et ma tante. Quelqu'un a demandé à ma mère :

— Et le travail ?

— On me met des bâtons dans les roues.

— Vous allez y arriver, Rachel, avec votre intelligence !

— Christine me trouve bête.

— Vous ? Oh non, sûrement pas alors.

Les regards se sont tournés vers moi chargés de reproches. Je me suis dit qu'ils auraient vu ce qu'était l'intelligence si mon père avait été à table avec nous.

Je portais une « robe-housse » rouge, avec un foulard indien noué autour du cou. J'ai tendu la main vers une assiette remplie de sujets en chocolat, ma tante a lancé :

— Dis donc, Christine, je vois que t'aimes toujours le chocolat.

J'ai vomi sur la route du retour. Penchée au-dessus d'un fossé. La main de ma mère retenait mes cheveux en arrière.

Dans la voiture, j'ai pensé que, si elle me posait une question, là, tout de suite, si elle disait quelque chose, qui me mette sur la voie, j'essaierais de lui dire ce qui se passait avec mon père. De but en blanc, je n'y arrivais pas.

À Reims, elle commençait à avoir des amis. Un petit groupe de gens un peu seuls ou nouveaux dans la ville. Une antiquaire, un employé d'assurance, un ingénieur chimiste d'origine indienne, une femme de son âge qui avait deux filles. L'ingénieur chimiste lui plaisait. Elle le trouvait trop jeune pour elle. Il avait trente et un ans. Elle, quarante-deux.

Mon père m'a téléphoné à l'occasion d'une mission à l'Unesco, pour me proposer de le rejoindre à Paris.

— J'aimerais bien avoir des relations avec toi comme celles qu'ont les autres enfants avec leur père. Je voudrais savoir ce que c'est. Je voudrais vraiment connaître ça. J'en ai besoin. Est-ce que tu serais d'accord ?

— Bien sûr. Ce n'est pas le plus important entre nous.

J'ai pleuré de joie au téléphone.

— J'avais peur que tu ne veuilles pas...

L'hôtel se trouvait rue de Richelieu. On entrait par une double porte en verre. Un paillasson couvrait la largeur du seuil, et portait l'inscription *Hôtel de Malte*. J'ai déposé mon sac dans ma chambre. Il m'a attendue dans le hall. On a pris à droite en direction de la Seine. Je lui donnais le bras. Il a dit au bout de quelques mètres :

— Tu te rends compte de ce que tu fais, là ?

— Quoi ?

— Tu ne te rends pas compte que tu serres ton sein contre moi ?

— Non.

— Tu es sûre que ce n'est pas volontaire ?

— Mais non. Pas du tout.

— Tu ne le fais pas exprès ?

— Je t'assure que non.

— En tout cas, sache que tu me fais bander.

Tout est gravé dans ma mémoire. La sensation de ma taille dans l'espace. Le rapport entre la hauteur des immeubles et la largeur de la chaussée. Les cinquante mètres entre la porte de l'hôtel et la fin du trottoir. Il y avait un élargissement, puis un resserrement. Les sentiments qui m'habitaient. La peur. La tristesse. Contrebalancés par la joie de déambuler dans Paris. L'espoir de rester dehors le plus longtemps possible. Et l'obsession de tout voir.

Ma chambre avait deux grandes fenêtres qui donnaient sur la rue. Le regard ému, il tapait le bout de son sexe à l'entrée du mien. J'ai mis ma main sur son torse.

— Attends. Je voudrais te dire quelque chose.

Son corps a basculé sur le côté.

— Je préférerais que tu n'entres pas dans mon vagin. Et que ce ne soit pas toi qui me déflores. Tu veux bien ?

— Ne t'inquiète pas, je reste au bord. Laisse-moi encore un petit peu. C'est tellement bon.

— Tu n'entres pas hein ? Sinon, moi, plus tard, je n'aurai plus rien à découvrir, quand je serai avec un garçon.

— Ne t'inquiète pas.

J'ai pensé : je me suis peut-être trompée sur lui. Il n'est pas égoïste en fait. Il se soucie de mon avenir. Il ne pense pas qu'à lui. Je l'ai peut-être jugé trop sévèrement. Je ne lui fais pas assez confiance. Ce n'est pas bien. J'ai tort.

— Je ne t'imposerai jamais quelque chose que tu ne souhaites pas. Et on aura tout le temps de le faire après.

Je me suis dit qu'il avait renoncé à un point important pour lui. J'ai considéré que j'avais remporté une bataille. J'ai vu cet arrangement comme une victoire. Un deal. Un marché entre deux parties ayant traité à égalité. À la suite d'une négociation que j'avais menée. J'ai pensé que j'avais été habile, que je m'étais bien défendue, que j'avais préservé quelque chose d'essentiel pour mon avenir. J'étais fière d'avoir sauvé une partie de mon corps, et de mon intimité. Je ne me suis pas dit que c'était dans son intérêt en cas de dénonciation et d'examen médical. La victoire n'était pas totale. Elle était partielle. J'en étais consciente. Je savais qu'il y aurait des dégâts. J'ai gardé, tout le week-end, l'impression que deux mains appuyaient sur ma glotte.

Le comité d'entreprise de la Sécurité sociale a organisé un voyage à Amsterdam. Ma mère nous y a inscrites. Les autres participants étaient des couples. J'étais la seule adolescente. J'ai été désagréable avec elle. Je portais une robe à fleurs sur un fond bleu marine. Des photos ont été prises à l'embarcadère d'un canal. Elle m'en a montré une au retour quand la pellicule a été développée :

— Tu vois la tête agréable que tu faisais !

J'avais le visage fermé. J'avais pris du poids. J'étais laide.

L'été, j'ai passé trois semaines dans une famille allemande, où il y avait une fille de mon âge. On parlait avec des garçons le soir en bas de l'immeuble. Une amie de Châteauroux m'a invitée à Saint-Jean-de-Monts. Sa famille possédait une maison en bord de plage. À la fin du mois d'août, j'ai rejoint mon père à Londres. L'hôtel se trouvait à Marble Arch. Les fenêtres donnaient sur Hyde Park. Il m'a parlé d'une étudiante de Sciences Po., dont il était amoureux. Elle s'appelait Marianne. Pour me faire comprendre ce qu'était le charme, il m'a donné l'exemple des grains de beauté qui parsemaient son corps, et ne le dérangeaient pas, alors que d'habitude il n'aimait pas ça. Il a dit à propos de ses seins :

— Ça peut être émouvant des tout petits seins.

On a déjeuné dans un steak-house de la grande rue qui allait vers la City. Fleet Street.

— Marianne a deviné les relations que nous avons.

— Comment ?

— À la façon dont j'ai parlé de toi, je suppose.

— Tu n'as pas peur qu'elle le répète ?

— Pas du tout.

— Et elle n'a rien dit ?

— Non. Mais il y a eu un sourire très tendre entre nous.

— Elle n'a peut-être pas compris.

— C'est une fille très intelligente. Qui a une sexualité très libre. La sodomie ne la dérange pas du tout, elle, au contraire. Et c'est merveilleux de le faire avec elle. Il lui arrive aussi de coucher avec des Noirs, comme ça, pour faire plaisir.

— Et si elle en parle quand même ?

— Je nierai. Je serai formel. Je dirai, « mais non enfin pas du tout ».

Il avait réservé une seule chambre. Peut-être parce qu'on était à l'étranger. Il s'est déshabillé en rentrant.

— Pourquoi tu bandes toujours ? Je ne sais même pas comment c'est fait un sexe d'homme qui ne bande pas. Je n'en ai jamais vu.

Il a eu un rire d'adulte, qui réagit à un mot d'enfant.

— Beaucoup de femmes aimeraient être à ta place, tu sais, si elles t'entendaient. Elles se plaignent plutôt du contraire, en général. Elles aiment qu'un homme les désire. Tu es trop gâtée…

Il m'a demandé de me coucher sur lui à l'envers, les pieds vers l'oreiller et la tête vers le bas du lit, de façon à ce que ma vulve soit devant son visage et ma bouche sur son sexe :

— Descends encore un peu. Voilà. Comme ça… Maintenant, prends-moi dans ta bouche. Un peu plus. Attention à ne pas mettre les dents. Humm…

On a dîné dans un restaurant italien de Soho. Dont la façade était peinte en bleu. Un beau bleu éteint.

— Je pourrai rencontrer tes enfants bientôt?

— Tous les écoliers ne sont pas comme toi malheureusement, Antoine passe tout juste en sixième, et Loulou redouble. Leur mère est très inquiète.

— C'est pour ça que je ne peux pas les voir?

— Astrid a peur que ça perturbe leur scolarité, je crois.

Il se sentait lourd. Il s'est plaint de ne pas avoir le temps de ressentir la faim entre les repas.

À l'hôtel, il s'est enfermé dans la salle de bains. J'étais devant la fenêtre. Je regardais les arbres de Hyde Park. Je l'entendais soupirer comme quelqu'un qui a des difficultés à aller aux toilettes. J'ai pensé qu'il me dégoûtait. C'était un sentiment clair dans ma tête, qui ne provoquait aucune culpabilité.

Ma mère est venue me chercher à la gare.

— Je suis contente de rentrer. J'en avais marre.

— C'est la ville qui t'a déçue?

Le passage des mots était bloqué. Un nœud se formait au fond de ma gorge. Le contenu restait compressé dans ma tête. L'avantage, ils n'entraient pas dans l'appartement. Ma scolarité se déroulait normalement. Il y avait des débats de société. La place des femmes, l'avortement, la peine de mort. Ça m'intéressait. Un médecin est venu faire une conférence sur la contraception devant les classes de troisième. Il a comparé la pilule à un galet qu'on introduit dans le vagin d'une chamelle. J'ai donné un coup de coude à Véronique.

— Viens, on s'en va.

Elle a haussé les épaules. Je suis sortie de la salle. Seule. Personne ne m'a suivie.

Ma mère entreposait les courses dans un cellier, à côté de la cuisine. J'ai mangé des Choco BN, des Petit-Beurre, des biscottes. J'ai fini les paquets. Je n'arrivais pas à m'arrêter. J'ai fait griller du pain de la veille à la flamme de la cuisinière. Je l'ai tartiné de beurre.

Mon père appelait toujours aux heures de bureau. Jamais le week-end ou le soir. Le téléphone a sonné. Il avait trouvé une maison dans un village en Isère pour les vacances de février.

En arrivant, ma mère est allée dans la cuisine, et a ouvert la porte du cellier :

— T'as englouti un paquet entier de pain grillé ! T'avais faim à ce point-là ? C'est trop ça Christine. Tu vas manger un peu, quand même ? Il faut que tu te nourrisses avec des choses saines. Je pensais faire des endives au jambon.

J'allais avoir quinze ans. Mon anniversaire tombait dans la semaine des vacances. L'idée de le fêter avec mon père me rendait heureuse. Ce serait la première fois. On accédait à la maison par une impasse, prolongée par un sentier, qui grimpait dans la montagne.

Le jour de mon anniversaire on est allés à Grenoble. Dans la voiture, en me montrant les versants d'une vallée, il m'a appris les mots adret et ubac. J'avais mis la cassette d'Albinoni dans l'autoradio. On a passé une heure dans une librairie. Puis on est entrés dans une bijouterie. J'ai choisi une petite montre en métal argenté.

Sur la route du retour, j'étais allongée en travers des sièges. Il conduisait d'une main, de l'autre il caressait mes fesses. On s'est arrêtés dans un village que signalait le guide Michelin, et on a admiré les toits de lauze enneigés. On a fait des courses à l'épicerie. On a visité l'église. Il n'y avait personne. Il m'a demandé de le suivre dans le confessionnal, et de le sucer. Dans la voiture, j'ai dit :

— On n'est pas censés avoir ces rapports-là avec son père. Moi, j'ai peur que ça me perturbe.

— Au contraire.

— Tu dis toujours ça. Et si ça ne se passe pas comme tu dis ?

— Ne t'inquiète pas.

Je rangeais les courses dans la cuisine, il était aux toilettes. Il m'a demandé de lui apporter une clémentine. Assis sur la lunette entièrement nu, il a posé des quartiers sur son sexe en érection pour que je les prenne avec la bouche, à genoux entre ses jambes écartées, et m'a enlevé mon T-shirt pour toucher mes seins en même temps. Deux expressions alternaient sur son visage. Le rire, la gaieté. Et l'émerveillement.

Sa chambre donnait sur le jardin. La mienne, sur l'impasse. Il m'a rejointe dans la nuit. Il s'est collé à moi. Il a relevé ma chemise de nuit à la taille.

— Je dors.

— J'ai envie de toi.

Il était au-dessus de moi. Son sexe tapait des petits coups répétés à l'entrée de mon vagin.

— Non...

— Viens sous les draps alors.

Il a éjaculé dans ma bouche. J'ai craché le sperme dans les toilettes. Je me suis recouchée. Quand c'était fait je n'y pensais plus. Comme à un travail auquel on ne peut pas se soustraire et dont on est débarrassé. Je faisais semblant d'ignorer que ça allait recommencer.

Il y a eu des essais de sodomie, cette fois-là.

J'ai été seule avec lui toute la semaine. Il n'y a pas eu de coupure, à part quelques repas au restaurant.

Je l'ai photographié dans le jardin ensoleillé. Il portait un pull shetland marron clair, qui moulait son ventre, et regardait l'objectif en souriant.

Véronique était allée à La Plagne avec ses parents et son frère. Ils avaient skié.

— Et toi, t'étais où avec ton papa ?

— Dans un village, en Isère, et on est allés à Grenoble pour mon anniversaire.

J'ai levé le bras avec la montre à mon poignet.

Soudain, j'ai eu un accès d'émotion.

— Tu es vraiment ma meilleure amie, tu sais, Véronique.

Elle n'a rien répondu.

— J'aimerais bien qu'on continue à se voir, plus tard, même quand on sera adultes, même dans vingt ans. Quand on travaillera, et qu'on aura des enfants.

— ...

— Pas toi ? T'aimerais pas, toi ?

— Je ne sais pas ce que je ferai, moi, dans vingt ans...

Je ne sais plus ce que j'ai pensé, précisément. C'était une impression désagréable. Je l'ai chassée.

Le samedi, ma mère et moi sommes allées aux Faux de Verzy avec son groupe d'amis. Une forêt de hêtres sur la montagne de Reims. Le dimanche, à la cinémathèque, on a croisé le directeur de la Sécurité sociale et son fils. Un grand jeune homme mince aux cheveux longs, dont elle m'avait parlé. C'était un élève brillant. Ses parents et ses professeurs voulaient qu'il fasse Sciences Po. Lui voulait être prof d'anglais.

Mon père m'a invitée à Strasbourg pour les vacances de Pâques. Sa femme et ses enfants étaient absents. Il m'a fait visiter l'appartement familial. En ouvrant une porte, il a souri :

— La chambre conjugale...

Elle donnait sur l'Orangerie.

Il m'a montré la chambre de son fils qui avait neuf ans. De sa fille qui avait sept ans. J'avais pensé m'installer dans l'une ou l'autre. Les lits étaient petits, l'espace encombré de jouets.

Il y avait un canapé convertible dans le salon.

— Je peux dormir là ?

Il a cherché des draps dans les placards. Il n'en a pas trouvé.

J'étais seule toute la journée. Je mettais des livres et des films de côté. Je savais que je n'aurais pas le temps de tous les lire et de tous les voir. Il y avait une coloration d'insuffisance sur tout.

Le samedi, au réveil, il a eu un regard ébloui sur mon visage :

— Tu es belle.

Il s'est mis au-dessus de moi. Son sexe bandait entre mes cuisses.

— Tu es très belle. Tu pourras avoir de très beaux hommes.

En admettant que j'aie eu des atouts physiques, cette prédiction n'a pas provoqué de satisfaction en moi. À la surprise se mêlait un sentiment de malaise indéfinissable.

— Mets-toi sur le ventre.

Il a lubrifié mon anus avec de la Vaseline en me parlant à l'oreille.

— Tu verras, ce sera très agréable. Détends-toi.

Il a poussé son sexe en avant. Ça m'a fait mal.

Il a arrêté, contrarié.

— Tu n'auras peut-être plus l'occasion de le faire, tu sais. Il y a des hommes qui n'aiment pas, et qui ne le font pas. Tu ne le feras peut-être plus jamais. Ton mari, ou tes amants, ne te le feront peut-être pas.

Il a recommencé.

J'ai eu mal. Il s'est retiré.

Je me suis remise sur le dos. Mes jambes étaient écartées. Il observait mon sexe. Et le léchait. Il a dit que celui de sa femme sentait le poisson pourri, avec une moue de dégoût, et qu'il était obligé de prétendre, quand elle lui demandait de le faire, qu'il n'aimait pas ça pour ne pas la vexer.

— Et tu sais à quel point c'est faux.

Un jour de semaine, après le déjeuner, il a proposé d'aller faire un tour, j'étais contente de sortir. Il était sur le palier. J'ai tiré la porte derrière moi, il s'est aperçu que les clés étaient à l'intérieur. Il a hurlé, et il a dit :

— On ne ferme pas la porte soi-même quand on n'est pas chez soi.

Je suis restée jusqu'à la date prévue. Je n'avais pas d'autonomie. Personne à qui parler. Pas d'argent. Longtemps après, je me suis demandé pourquoi je n'étais pas rentrée plus tôt. Pourquoi je ne sortais pas de l'appartement sans lui. J'aurais pu aller me promener. J'aurais pu sortir. J'avais quinze ans. On peut faire deux-trois pas dans la rue à quinze ans. Je me suis demandé si j'avais les clés. Je n'avais pas les clés.

Il m'a accompagnée à la gare.

J'avais décidé de tout dire à ma mère. J'y ai pensé pendant tout le trajet. Le ciel était bleu. La campagne défilait par la vitre. Ma décision était prise. J'étais déterminée. Le train avançait dans la campagne. On traversait des gares. C'était clair dans ma tête. On approchait de Reims. Les rails s'entrecroisaient. Les freins crissaient. Le train allait bientôt s'arrêter. J'ai enfilé mon manteau. J'ai pensé qu'elle était là, pas loin, dans le hall, sur le quai. Deux sentiments contradictoires se battaient en moi. La joie de savoir que j'allais bientôt parler. La peur de ne pas y arriver. J'ai attrapé mon sac de voyage. J'étais debout devant la porte du wagon, prête à descendre. Le cœur battant. J'ai aperçu ma mère au loin. Elle marchait vers moi.

J'étais résolue. J'ai posé le pied sur le quai. Je savais que ce ne serait pas facile, et qu'elle était loin d'imaginer.

— Ça s'est bien passé ?

— Moyen.

— Pourquoi moyen ?

— Ç'a été difficile.

— Qu'est-ce qui a été difficile ?

— Lui. Lui, il est difficile.

— Quoi en particulier ?

— Son caractère.

— Ah je sais.

« Je sais » a tout foutu en l'air.

Les mots sont repartis au fond de ma gorge. Le nœud s'est reformé. Je n'ai pas continué.

Je suis allée dans ma chambre, en silence. J'ai défait mon sac, et rangé mes affaires.

Elle m'a reproché de ne pas être agréable, et de disparaître à peine arrivée.

— Excuse-moi, maman, je ne suis pas bien.

J'ai pleuré.

— Il s'est passé quelque chose de spécial ?

Je lui ai expliqué le coup des clés.

— Il m'a dit qu'on ne fermait pas la porte soi-même quand on n'était pas chez soi. Tu te rends compte comme c'est méchant ? De me dire ça ? À moi ?

— Ç'a été comme ça toute la semaine ?

Je lui ai raconté, en espérant que je pourrais enchaîner sur ce que je voulais dire vraiment, l'histoire d'une bouteille de lait, que j'avais oublié de remettre dans le frigidaire après mon petit-déjeuner, et les cris qu'il avait poussés à midi, quand il était rentré, et l'avait vue sur la table.

Quand le train est arrivé à Reims, ma décision était prise. J'y avais pensé tout le trajet. J'étais déterminée. Je savais que ce serait difficile. Je ne pensais pas m'effondrer aussi vite. J'ai à peine fait passer le message que ce n'était pas aussi merveilleux que ce que j'avais prétendu jusque-là. J'ai dévié. Je n'ai pas pu.

Les rares fois où je décidais de parler, la moindre brisure dans mon élan le cassait. Le moindre frein, la moindre interruption, la moindre coupure m'empêchait de continuer.

J'avais deux méthodes de survie, avec deux objectifs opposés. J'étais partagée entre les deux.

Parler. Briser le silence. Pour ça, il fallait voir les choses. Les savoir. Les faire exister dans sa tête. Se les représenter mentalement. Supporter les images. Vivre avec elles. Trouver les mots qui leur correspondaient. Les exprimer.

Se taire. Ça permettait de ne pas avoir d'images dans la tête, de continuer à faire semblant. De ne pas savoir vraiment, de ne pas avoir peur, de ne pas donner corps à l'inquiétude, de ne pas donner de réalité à l'impression d'avoir une vie gâchée. Qui existait dans les deux cas, et provoquait une forte angoisse. Il fallait la supporter, la gérer, et la contrôler. Dans la solution « se taire », l'angoisse se manifestait quand j'étais avec mon père, sur les actions et les détails concrets. Il fallait surveiller les gestes, négocier des limites. C'était une préoccupation sur l'instant. Le

77

reste du temps, je pouvais avoir la tête vide, ne pas penser, ne pas savoir, ou de façon rapide, fugace.

J'avais le choix entre les deux solutions. Parler ou se taire. Donc, quand je prenais mon élan pour parler, il ne fallait pas m'interrompre. Il fallait m'écouter, me laisser aller jusqu'au bout. Sinon je changeais de méthode.

Ma mère a rencontré un homme que je n'aimais pas beaucoup sans raison particulière. Après le dîner, au moment où il repartait, elle m'a demandé d'aller récupérer un livre dans sa voiture. Dans l'ascenseur, il m'a embrassée sur la bouche. Je l'ai dit en remontant.

— Ah bon. Tu es sûre ? Ça m'étonne de lui. C'était pas un petit baiser affectueux ? Tu es sûre ? Il est d'origine russe, tu sais, Ivan… Je vais voir ça avec lui.

Le lendemain, elle m'a fait part de leur conversation :

— Bon. C'est pas du tout ce que tu as cru. C'est bien ce que je pensais, il te considère comme sa fille, et comme il est d'origine russe, il lui arrive d'embrasser ses enfants sur la bouche. Il n'avait aucune intention mauvaise. Il était désolé que tu l'aies pris comme ça. Et il a ajouté : « Tu lui diras que je ne m'intéresse pas du tout aux petites filles de son âge. »

— Je l'aime pas de toute façon.

— C'est ton droit le plus absolu, mais, moi, Ivan, c'est quelqu'un qui me fait beaucoup de bien.

Ma volonté de parler a été affaiblie par cet épisode.

J'avais d'autres façons de survivre. Ce que je ressentais n'était pas d'un bloc.

J'avais un pourcentage d'espoir encore important. Je pensais que les relations avec mon père pouvaient changer. Les rapports normaux me semblaient possibles à obtenir. La probabilité d'un accord mutuel me paraissait réelle. J'en ai gardé l'espoir très longtemps. Envers et contre tout. Et je croyais à la perspective de rencontrer mon demi-frère et ma demi-sœur.

Je ne me faisais pas d'illusions. Je savais que la volonté de mon père s'imposait à moi, que, seule, je ne pouvais pas lutter contre. J'en étais consciente. Je l'avais compris. Je n'étais pas de taille. C'était trop dur. Je ne faisais pas le poids. Il fallait que je recueille son accord, que je le convainque. Je savais que ce serait difficile. J'essayais.

Un pourcentage d'espoir important. Une absence d'illusions, et des tentatives de le persuader. Si je n'obtenais pas l'accord mutuel, j'avais une dernière option : Faire avec.

C'est-à-dire : Renoncer à la personne que j'étais, accepter de devenir quelqu'un d'autre. C'était ma dernière possibilité. Elle était au fond de ma tête en cas d'échec. Si les autres ne marchaient pas. Et qu'il n'y avait pas d'autre issue. Accepter de ne pas avoir de vie, d'avoir une vie ratée, s'y adapter. Je me disais que ce n'était pas si grave. C'était une dernière possibilité. Pour continuer de vivre si les autres pistes échouaient.

Ce n'était pas la solution que je préférais. C'était la solution du désespoir. Mais ce n'était pas le suicide. Ce n'était pas la mort. Ça impliquait un changement de vision radical par rapport à ce que j'avais imaginé de ma personne et de mon avenir, mais ce n'était pas la fin. Ça permettait de l'attendre.

L'espoir envers et contre tout. La conscience que je ne pouvais pas lutter seule contre la volonté de mon père. La solution du désespoir.

Je naviguais entre ces trois blocs.

À partir de la seconde, Jean XXIII prenait la suite de Notre-Dame. Le samedi, des garçons attendaient les filles assis sur la selle de leur mobylette. J'avais le vague espoir au fond de moi que l'un d'eux me remarquerait. Je me disais sans savoir pourquoi que ce n'était pas possible. Véronique s'est rapprochée d'une autre. Je les entendais rire et prononcer des prénoms masculins. Je ne pouvais pas rivaliser. Je me suis effacée, et rabattue sur Fabienne. Qui était toujours le bouc émissaire de la classe.

Je me sentais inférieure aussi bien aux filles de mon âge qui sortaient avec des garçons de leur âge, qu'aux femmes adultes qui avaient des relations avec des hommes, en étant à égalité, ayant les mêmes capacités qu'eux, sur tous les plans, y compris sexuel.

J'ai eu une relation avec l'ingénieur chimiste d'origine indienne qui faisait partie du groupe d'amis de ma mère. Il avait trente ans. J'en avais seize.

On était nus sur le lit, la lumière filtrait en pointillé, sur les lignes horizontales d'un volet roulant.

— Tu as déjà fait l'amour ?

Ma réponse n'était pas très claire, ça l'a amusé :

— Tu ne sais pas ?

— Je suis vierge, en tout cas.

Ses mains frôlaient ma peau de la tête aux pieds. Il s'arrêtait sur les fesses, les seins, et les pétrissait.

— On t'a déjà pénétrée ?

— Pas dans le vagin.

— Tu as flirté avec un garçon de ton âge ?

— Plus âgé.

— Et il ne t'a pas pénétrée ?

— Non. Je lui ai demandé de ne pas le faire.

— Je vais introduire mon doigt tout doucement, n'aie pas peur... Humm... c'est bien serré. Je te fais mal, là ?

— Pas du tout.

Il a introduit son sexe. J'ai eu mal un tout petit instant.

Une fille de la classe a organisé une boum dans un hôtel particulier. Une banquette capitonnée faisait le tour de la pièce. Les lumières étaient tamisées. Un ou deux spots de couleur posés au sol. J'espérais qu'on allait m'inviter à danser. Plaire à un garçon de mon âge était une hypothèse qui me faisait rêver. Vers ces années-là, seize-dix-sept ans, l'idée que l'inceste n'était peut-être pas étranger à l'impossibilité que je ressentais a commencé à tourner dans ma tête.

J'ai vu mon père à Paris le week-end suivant. Il est venu m'attendre à la gare de l'Est. Je suis montée dans la voiture, en lui disant :

— Est-ce que tu serais d'accord pour qu'on passe un week-end normal ? Au moins une fois, pour voir si c'est possible ?

— Bien sûr.

Je n'avais plus d'illusions sur la valeur de sa parole. Mais pas d'autre recours.

On a déjeuné dans un restaurant scandinave des Champs-Élysées. Il lisait le journal les pages dépliées devant moi. Pour les gens, je devais être une enfant à la conversation inintéressante. Ou avec qui on vit depuis longtemps, qui est sûre d'être aimée, et n'a pas de raison de se sentir négligée.

— Tu sais, je vais devoir porter des lunettes.

Il a baissé son journal. Son visage débordait de tendresse.

— Oh Christou… C'est ma faute… C'est ma très grande faute…

— Ce n'est pas de ta faute, Maman aussi, elle porte des lunettes.

De retour à la voiture, il a plaqué sa main contre mon entrejambe.

— Tu ne tiens pas tes promesses. On ne fait jamais comme je veux.

Il l'a retirée dans un geste de colère, l'a posée sur le volant, et a mis le contact.

— Je te ramène à la gare.

— Tu me ramènes à la gare, là ? Tu ne me ramènes pas à la gare !

— Je n'ai pas à subir tes reproches.

— J'ai dit que tu ne tenais pas tes promesses. C'est une constatation. C'est tout. J'ai rien dit d'autre.

— Tu es blessante.

Il ne criait pas. Il était maître de lui. Il conduisait avec assurance. Les gestes précis. Cohérents. Les boulevards, la rue de Rome…

— Ne me ramène pas à la gare s'il te plaît.

J'étais en larmes.

— Les gens ont une sensibilité, toi, tu la piétines. Arrête de pleurer, on dirait une petite fille.

J'ai attendu le train dans la partie du hall qui donnait sur la rue d'Alsace. Il y avait des rangées de chaises en plastique orange face aux quais. J'étais là. Assise. J'étais perdue, paumée. Seule. J'avais quatre heures à attendre avant le prochain train. Je n'avais rien à lire. Pas d'argent. Je ne pouvais pas téléphoner. Un courant d'air circulait entre l'ouverture sur la rue d'Alsace et les portes du parvis principal. Le seul objet familier de toute la gare était mon sac de voyage, posé à mes pieds. Je lui ai parlé comme à un être humain. Je l'ai remercié d'être là. Je lui ai exprimé ma détresse. Je lui ai dit que j'étais malheureuse. Je ne parlais pas à voix haute. Je le regardais. Et je pensais les mots.

J'ai expliqué le retour anticipé à ma mère je ne sais plus comment. Peut-être par le caractère difficile de mon père.

Il a rappelé à l'occasion d'une nouvelle mission à l'Unesco.

— J'aurai plus de temps, tu verras. Et ce sera plus agréable d'être à Paris que la dernière fois.

— J'ai rencontré quelqu'un. J'aimerais bien te le présenter.

— Tu as fait l'amour avec lui ?

— Oui. Il vient de Madras. Il est ingénieur chimiste.

— Il est noir ?

— Oui.

— Tu as conscience que, sur le marché des amants, un Noir vaut moins qu'un Blanc ?

Il a développé le raisonnement sur le ton détaché de la personne lucide, qui ne fait rien d'autre que rendre compte de la réalité.

Pour aller chez Marc, il fallait prendre le bus, et marcher dans des rues vides. Le long des trottoirs déserts, je faisais tourner dans ma tête la phrase « je vais voir mon amant ». Il m'attendait chez lui. Les volets baissés, la lumière en pointillé. J'étais dans la chambre, allongée sur le ventre. Son sexe avançait entre mes fesses.

— Non. Pas ça.

Je me suis mise sur le dos. Il est entré dans mon vagin. On a joui.

— Marc, je voudrais te dire quelque chose. Mais il faudrait que ça reste entre nous.

— Bien sûr.

— Tu sais que je ne connais mon père que depuis trois ans...

— Oui.

— Depuis trois ans, je vis un inceste.

— Rachel le sait ? Tu lui as dit ?

— J'y arrive pas.

— C'était lui l'homme plus âgé ?

— Oui.

— C'est pour ça que tu as peur quand je me mets derrière toi ? Il te sodomise, c'est ça ?

— Oui.

— Il faut qu'il arrête tout de suite, ton père. Quand tu te retrouveras en psychiatrie, comment tu feras ?

— Pourquoi tu dis ça ?

— Parce que c'est très dangereux pour toi.

— Tu pourrais le dire à mon père, que c'est dangereux, et qu'il faut qu'il arrête ?

— Si tu veux.

— Il faut que je le dise à maman, hein ?

— Oui.

J'ai su, des années plus tard, qu'il était allé l'attendre le lundi à la sortie du bureau, et l'avait informée des actes de mon père.

Le soir, elle ne m'a rien dit. On a dîné. On a regardé la télévision. On s'est couchées.

Pendant la nuit, elle a fait une infection des trompes, et a été hospitalisée.

J'ai prévenu mon père que je ne pouvais pas venir à Paris, mais que, après sa mission, quand il rentrerait à Strasbourg, s'il passait par Reims, on pouvait se voir.

— Je te présenterai Marc.

Il a interrogé Marc sur son travail. On était chez lui. Autour de la table. Ils ont échangé quelques mots en tamoul. Puis :

— Il faut absolument que vous arrêtiez ce que vous faites avec Christine, c'est très dangereux pour elle, vous devez le savoir.

— De quel droit vous permettez-vous ? Qui êtes-vous ? Si elle souhaite modifier les rapports que nous avons, Christine n'a pas besoin d'un intermédiaire. Elle peut s'exprimer par elle-même. Si elle est capable d'avoir une relation avec un homme de votre âge, elle est capable de faire ses choix, vous ne pensez pas ? Je viens chez vous, faire votre connaissance, je me retrouve mis en accusation.

— C'est moi... qui ai demandé à Marc de te parler.

— Je n'ai jamais fait autre chose que ce que tu souhaitais.

— Arrête. Arrête de dire ça. Ce n'est pas vrai. Tu le sais. Tu sais très bien pourquoi tu m'as ramenée à la gare la dernière fois. Et j'étais triste.

— Moi aussi. C'est la raison pour laquelle je suis ici. J'aurais pu rentrer directement à Strasbourg.

Il y avait un cinéma d'Art et d'essai place Jean-Jaurès. On a vu un film avec Charlton Heston. *Soleil vert*. Mon père était à ma gauche. Marc à ma droite. Il me donnait la main. Mon père s'en est rendu compte, il a pris mon autre main, et l'a glissée dans son pantalon. Marc s'en est aperçu. Il a ouvert sa braguette, et a enroulé ma main autour de son sexe.

Le sentiment qui dominait en moi était la honte. J'avais une impression de déchéance, de perdition, de fin de vie. Plus aucun espoir. Une sensation d'échec total. De la peur. J'ai pensé qu'il fallait que je trouve un moyen pour avoir une vie malgré tout. Différente de celle que j'avais imaginée. Mais qui serait ma vie quand même, jusqu'à ce que mon corps disparaisse de la surface de la terre. Je ne voulais pas me suicider. Il fallait que je trouve comment passer le temps de ma présence ici-bas. Sachant que j'avais perdu le contrôle de ma vie, que mon avenir était gangrené, et mon destin irréversible. Marc, que j'avais pris comme sauveur, se trouvait intégré au dispositif de mon père. J'ai pensé que le seul pouvoir qui me restait était de prendre acte de mon impuissance, d'accepter la réalité, en essayant de préserver une minuscule zone de liberté. Comme quelqu'un qui constate son incapacité à combattre une autorité, et qui s'incline. Qu'un nombre de personnes considérable avait dû vivre ça avant moi à travers les siècles. Que je touchais le fond, que, dans mon cas, la solution du désespoir, que j'avais envisagée parfois, prenait cette forme-là.

J'avais une préoccupation supplémentaire. Ne fâcher ni Marc ni mon père. Je voulais ménager les deux sensibilités.

On a parlé quelques minutes sur le trottoir en sortant du cinéma. Puis mon père a pris la direction de Strasbourg.

J'ai passé la nuit chez Marc. J'ai été réveillée par la lumière du jour qui filtrait. Je me suis levée. Il m'a rejointe dans la cuisine. Il s'est assis face à moi. Quelque chose dans le haut du visage m'avait toujours dérangée. Le front large, carré, la coiffure, qui accentuait l'effet de rigidité.

— Tu pourras parler à maman, ce soir, quand tu me ramèneras ?

— Bien sûr.

— Mais je ne veux pas être dans la même pièce que vous, quand tu lui diras.

Ils ont fait semblant. Elle, de l'apprendre. Lui, de la mettre au courant. Puisqu'elle le savait déjà. Ils ont joué une comédie comme celle qu'on joue aux enfants pour qu'ils croient que le père Noël met les jouets au pied du sapin. Ils ont maquillé la scène pour me faire croire qu'elle se déroulait conformément au scénario que j'avais imaginé, et s'exécutait selon mes indications.

Enfermés dans la cuisine, ils ont ouvert la porte après un temps raisonnable, elle est venue vers moi, et m'a prise dans ses bras.

J'ai écrit à mon père que je ne voulais plus le voir, et que j'avais dit la vérité à ma mère.

« Christine,

J'ai toujours respecté ta volonté, et appliquerai cette nouvelle décision. Ce que tu as raconté à ta maman est très grave. C'est un coup de couteau que tu plantes dans mon cœur. Je vais devoir me remettre de cette blessure. La déception est à la mesure de la joie que j'ai eue à te rencontrer, faire ta connaissance a été un grand bonheur, et j'éprouve aujourd'hui le sentiment de m'être trompé sur toi. Tu te rendras compte, sans doute plus tard, de ton injustice et de la douleur que tu m'infliges.

Je souhaite néanmoins que tu sois heureuse et que la vie se conforme à tes désirs.

Papa »

Ma mère n'a pas saisi la justice. Elle aurait pu porter plainte pour viol par ascendant.

Pour elle, tout s'est concentré sur l'infection des trompes, intervenue la nuit après qu'elle a été mise au courant, sur les dix jours d'hospitalisation qui ont suivi, sur l'empêchement de rejoindre mon père à Paris qu'a constitué ce séjour à l'hôpital, puisque j'ai dû rester auprès d'elle. Quelques années plus tard, elle a interprété cette infection comme une protection inconsciente qu'elle m'avait accordée.

Le mot « inceste » ne figurait pas dans la loi. L'acte n'était pas visé spécifiquement par le Code pénal. Il se rattachait aux dispositions sur le viol en tant que circonstance aggravante. Le lien de parenté ne constituait pas une infraction distincte. Le viol était un délit. La juridiction compétente, le tribunal correctionnel. La prescription, de dix ans après les faits, ou après la majorité de la victime.

J'ai longtemps pensé qu'il y avait une part d'orgueil dans le fait de ne pas porter plainte, de ne rien demander à personne, de se débrouiller par soi-même, et que ç'avait été une façon, pour elle, de se placer au-dessus de celui qui blesse.

Plus tard, beaucoup plus tard, à différentes occasions, parfois anodines, j'ai remarqué qu'elle refusait de se défendre quand elle-même était frappée par une injustice, qu'elle semblait trouver de l'apaisement dans le fait de tourner la page, sans rien réclamer à personne. J'ai pensé qu'il y avait peut-être une relation avec un événement qui a eu lieu pendant la guerre, après qu'une camarade de classe l'a traitée de sale juive. Elle a demandé le sens du mot à sa mère. Ma grand-mère lui a donné une lettre pour l'institutrice. Au cours de la journée, ma mère disait un mot à sa voisine, ramassait un stylo qu'elle avait fait tomber par terre, ou quelque chose d'anodin dans ce style, l'institutrice l'a interpellée : « Rachel Schwartz. En punition face au mur. Quand on veut faire punir ses camarades ! » J'ai observé qu'une forme de nervosité, de panique, voire de folie, la prenait, quand je m'interposais, à la suite d'une indélicatesse, d'une violence qui lui avait été faite, en lui recommandant de protester, surtout si j'insistais, lui disant que j'allais intervenir moi-même, puisqu'elle se refusait à réagir, que j'allais téléphoner, envoyer un courrier, multipliant les solutions, les idées, les voies de recours, les manières de s'insurger. J'ai pensé que la nervosité, qui la gagnait dans ces moments-là, ne pouvait pas se rapporter à une simple question d'orgueil mal placé. Et qu'il y avait forcément autre chose.

Mon père a continué de lui adresser le chèque qu'il lui adressait depuis trois ans. Ce versement n'avait pas la force légale d'une pension alimentaire. Il n'était assorti d'aucune obligation juridique. Il en avait fixé le montant lui-même. Un juge aux Affaires Familiales l'aurait calculé d'après ses revenus, et pérennisé jusqu'à la fin de mes études. Elle avait jusqu'à mes dix-huit ans pour saisir la justice, afin que la somme soit réévaluée et que le versement devienne obligatoire.

— Oh écoute non, je ne lui ai jamais rien demandé, je ne vais pas commencer maintenant. On s'est toujours débrouillées. Non ?

Il n'était pas question pour elle de se mettre en position de demande, ni par rapport à l'administration, ni par rapport à lui. Le contact n'était pas rompu. Il y avait l'envoi du chèque, et quelques lettres. Des courriers brefs, espacés. Auxquels je répondais.

Le mois qui a suivi l'anniversaire de mes dix-huit ans, elle a cessé de recevoir le chèque. Aucune obligation alimentaire ne pouvait plus désormais être opposée à mon père. La possibilité d'une action en justice était éteinte sur ce plan-là.

Je considérais la relation avec Marc comme un pis-aller. Je lui demandais de se garer à distance, quand il venait me chercher à l'école, pour ne pas être vue avec un homme plus âgé. Que ça puisse être dans son inté-rêt puisque j'étais mineure ne me venait pas à l'esprit. Je suis restée avec lui deux ans. Je le voyais le week-end. J'avais ma place dans le lit. Je dormais à gauche, lui à droite. Un jour, il a dit en caressant mes seins :

— J'ai l'impression qu'il y en a un qui est plus gros que l'autre, non ?

— Je ne sais pas.

— Ton père devait caresser le gauche plus souvent. Non ? Il se mettait où dans le lit ? Il devait être plus souvent à ta droite…

Cette remarque est intervenue dans le fil de la conversation. Elle a été dite sans tonalité particulière. Je ne me suis pas interrogée sur son sens, ni sur l'intention qu'il y avait derrière, ni sur le déplaisir qu'elle a provoqué en moi.

Je l'ai mise sur le compte de la banalité.

J'ai rencontré un garçon que je trouvais très beau à la bibliothèque Carnegie, où je révisais mon bac. Il s'appelait Pierre. Il était prof de sport dans l'armée de l'air. En poste à Évreux. Il était né en Algérie, et venait d'acheter un studio à Cannes. Je l'ai rejoint en juillet. Il m'a fait visiter la Côte d'Azur de la frontière italienne à l'Estérel. Une tour panoramique dominait la baie. Je l'ai photographié en haut de cette tour. Les angles de son visage se détachaient sur le ciel bleu. L'arête du nez, le menton, la courbure des sourcils, parfaitement dessinés. Les yeux étaient de la couleur du ciel. Des mèches de cheveux volaient.

L'appartement était entièrement vide, à part un grand matelas au sol, et un téléphone posé par terre. J'ai fait un cauchemar la première nuit. Ma jambe était prise dans la gueule d'un crocodile. J'avais peur d'être entièrement avalée. Je me suis réveillée en hurlant, et me suis blottie contre lui.

— Tout va bien. Je suis là. Calme-toi… Chut.

— J'ai vécu des trucs durs, tu sais. J'ai eu un inceste avec mon père. Maintenant ça va, c'est fini, je le vois plus. Et je pense qu'il y a plein de gens qui ne s'en sortent pas, comme moi je m'en suis sortie, mais…

— Ton père, c'est un salaud.

La fac de droit se trouvait à la périphérie de la ville, dans une cité qui ressemblait à n'importe quelle cité. Des papiers traînaient sur les trottoirs, emportés par le vent, les poubelles étaient éventrées, et les rayures en plastique jaune des passages piétons, dont les bandes étaient décollées, vrillaient sur la chaussée. J'y allais en bus, et descendais à la station d'avant pour finir à pied en passant dans la verdure. Une allée longeait la route entre une rangée de buissons et le renfort d'une colline. J'ai entendu des pas accélérer derrière moi. Une main a touché mes fesses. J'ai terminé le trajet la respiration coupée. Sans oser courir ni me retourner. Je pensais que le type était peut-être toujours derrière moi. J'ai allongé le pas en regardant ma montre d'un air inquiet, pour qu'il croie que j'étais en retard.

Je faisais ça. J'adoptais des attitudes. Des comportements destinés à ne pas montrer ce que je ressentais. Je faisais semblant d'éprouver un sentiment, ou d'avoir une préoccupation. Quand j'avais une émotion forte, je la contredisais par une stratégie. Elles n'étaient pas très élaborées. Elles me venaient instinctivement. J'avais conscience de leur inefficacité. Je les employais par réflexe. Ce n'était ni réfléchi, ni contrôlé.

Certains étudiants discutaient avec les professeurs à égalité. Principalement des garçons. De sujets dont je n'avais jamais entendu parler. J'étais sûre que j'allais échouer. Un collègue de ma mère avait un fils en troisième année. Je pouvais m'adresser à lui si j'avais besoin d'un renseignement. Je l'apercevais à la bibliothèque, et le saluais d'un sourire timide. Il m'a vue un soir à l'arrêt de bus. Il m'a raccompagnée en voiture. Il est monté. On a fait l'amour. Il a été question de se revoir ou pas :

— Franchement, je n'ai jamais vu une fille se déshabiller aussi vite.

L'écart, entre l'impression que je donnais et la personne que j'étais, me paraissait impossible à combler. J'ai pensé que je ne savais pas me comporter dans la sexualité, et que les explications, qu'il y aurait peut-être eu à fournir, étaient hors de ma portée.

Je l'ai croisé plusieurs fois par la suite dans les couloirs de la fac. On se faisait un signe de tête.

Je me trouvais banale, ordinaire, passe-partout. Avec l'argent que ma mère me donnait chaque mois, j'achetais des vêtements de manière frénétique. Une boutique venait d'ouvrir en haut de la rue de Vesles, dont les prix étaient particulièrement bas. J'aurais mieux fait d'après elle de m'acheter une seule belle chose.

J'aimais lire. Aller au cinéma. Écouter de la musique. Plutôt des chansons. Politiquement, je n'étais pas très au courant. Je ne lisais pas les journaux. Je ne m'intéressais à rien de précis. Quand on me demandait si j'avais une passion, je répondais non. Je ne savais pas ce que je voulais faire exactement. Voyager. Peut-être vivre à l'étranger. Je rêvais de travailler dans une organisation internationale. Je voulais passer les concours d'entrée. Mon père m'avait prévenue de la difficulté. Si j'échouais, je comptais passer ceux de la fonction publique. Ou travailler dans une entreprise comme juriste.

J'ai été reçue sixième sur sept cents aux examens de fin d'année. J'ai repris confiance en moi. J'étais toujours avec Pierre. J'ai codifié la relation peu à peu. On faisait l'amour le matin. Je préférais avoir le ventre plat. Je n'aimais pas me montrer nue après le repas. On est restés ensemble quatre ans. Il m'a reproché vers la fin :

— Tu as aseptisé nos rapports sexuels.

J'avais envie de rencontrer quelqu'un d'autre. Quelqu'un qui soit plus proche de moi, et de mes centres d'intérêt. Un étudiant.

J'apercevais à la cafétéria un garçon qui faisait une thèse de droit international. Son rire métallique perçait les bruits de la salle. Les cheveux longs, les yeux dorés, il ressemblait un peu à Clint Eastwood. Je me sentais inférieure à lui sur tous les plans. Je me suis retrouvée quelques fois à sa table. On avait une amie commune qui s'appelait Dominique. Elle a fait une

101

fête chez elle. Quand je suis arrivée, il m'a tirée par la main pour danser. Il m'a fait tournoyer, rapprochée de lui et embrassée sur la bouche. Je me suis écartée :

— Tu as trop bu.

Et je suis rentrée.

J'avais téléphoné, quelques années plus tôt, au fils du directeur de ma mère pour avoir des renseignements sur Sciences Po. On s'était vus chez lui. Il avait des centaines de disques. On avait écouté de la musique. La conversation avait été passionnée. J'avais dit à ma mère après :

— Dommage qu'il soit moche.

— Ah non, moi j'aime bien ce style de garçons, grand, mince, il a de l'allure, Claude, je trouve.

À propos du physique de mon père, elle avait toujours affirmé qu'il ne correspondait pas, en matière de beauté masculine, aux critères de son époque. J'avais pensé que Claude appartenait à la même catégorie, et m'étais mise à le considérer avec d'autres yeux.

Tout s'est joué avant la fin de l'année.

Par hasard, place d'Erlon, dans la foule, au cours d'une manif, je l'ai reconnu de dos, et lui ai tapé sur l'épaule. Il avait quitté Sciences Po. Il passait le CAPES d'anglais. On a commencé à se voir. On allait au cinéma. On voyait des spectacles. On parlait des heures dans des cafés. Je n'étais pas sûre qu'il me plaise. J'aimais sa silhouette, sa démarche, sa voix. Il me raccompagnait et montait parfois. Un soir, il s'est approché :

— Je t'aime.

— Il ne faut pas dire des choses comme ça.

On a fait l'amour.

Quand une relation devenait importante, je disais ce qui s'était passé avec mon père. Je ne suis jamais restée avec quelqu'un sans lui en parler. J'utilisais les mêmes mots. L'ayant dit une fois, je pouvais le redire. Il y avait ceux qui savaient, ceux qui ne savaient pas. Ça ne changeait pas grand-chose. Les uns pensaient que j'allais bien, parce que je ne l'avais pas dit, les autres, parce que je l'avais dit. Dire n'a jamais été un enjeu. Ç'a été un moyen, au début, pour m'aider à ne plus voir mon père. Puis, c'est devenu un passage obligé.

Dominique a déposé un dossier à la Sorbonne en DEA de droit social. J'en ai déposé un aussi. On a été admises. Ainsi que deux amis, Joël et Véronique. Les cours commenceraient en octobre.

Claude et moi avons passé les vacances en Grèce. Il m'a photographiée à l'arrivée du bateau. Je souriais, le dos appuyé contre un olivier, la tête penchée sur le côté. Je portais un T-shirt mauve. J'avais maigri. On voyait mes os qui saillaient dans le décolleté.

Au retour, on marchait dans les feuilles mortes en parlant de notre avenir lointain. On s'est dit qu'on voulait marcher côte à côte comme ça toute notre vie.

On a décidé de se marier. On a déposé les bans à la mairie. La date a été fixée au 30 janvier.

J'ai pensé : « Je dois être particulièrement forte, particulièrement équilibrée. J'ai vécu un inceste. Bon, d'accord. Mais je n'ai pas été détruite. Je réussis mes études. Je viens de rencontrer quelqu'un. Je l'aime. On va se marier. L'inceste, c'est fini, c'est terminé. C'est clos. Je suis passée entre les gouttes. Je suis tirée d'affaire. J'ai beaucoup de chance. »

J'avais vingt-deux ans. J'avais déjà été plusieurs personnes. La fille sans père de Châteauroux. La fille émerveillée de l'avoir rencontré. Celle qui ne disait à personne ce qu'elle vivait en réalité. Il y avait eu une sortie de route. Ma vie s'était arrêtée. Elle reprenait.

Ma vie reprenait. Laquelle ? Celle d'avant ? D'avant mes treize ans ? Celle que j'aurais dû avoir s'il n'y avait pas eu ça ? Elle reprenait où ? Là où elle s'était arrêtée ? C'était possible ? Je me sentais bien. Je me sentais libre. Je ne voyais plus mon père. Ça me faisait du bien. C'était bien. C'était définitif ? Ou est-ce que le temps allait passer, et que j'allais le revoir dans d'autres conditions ? Est-ce que j'avais renoncé à le voir ? J'étais bien. Je respirais. Mais j'étais où ? J'étais qui ? J'étais dans quelle vie ? Je respirais. J'étais libre. J'étais bien. Mais il n'y avait rien d'essentiel. Je ne faisais rien d'essentiel.

Les cours ont commencé à la mi-octobre. On arrivait gare de l'Est. On prenait le métro et le RER, ou un bus jusqu'à Luxembourg. Joël m'a dit sur la banquette arrière :

— Ce serait quoi, toi, ton métier de rêve ?

— J'en ai pas. Et toi ?

— Moi, critique de cinéma. Tu te rends compte. C'est extraordinaire. T'es payé pour voir des films. T'imagines ?

— C'est pas très réaliste. Ça concerne quand même très peu de gens.

Je n'ai pas dormi de la semaine qui a précédé le mariage. On a appelé un médecin de SOS la veille. Il m'a fait une piqûre de somnifères. J'ai eu quelques heures de sommeil. Je me suis dit toute la journée que c'était le plus beau jour de ma vie.

Quelqu'un a pris une photo de nous en train d'ouvrir le bal. Je portais une robe blanche, en soie, à bretelles, avec des motifs irréguliers, plus ou moins dorés, et des chaussures blanches à talon. Claude, un costume Cerruti et un nœud papillon.

La plupart des invités étaient des amis. Il y avait quelques membres de la famille. Les parents de Claude, ma mère et André, son mari, la plus jeune de mes cousines, qui était mon témoin, et mon grand-père.

Mon père était au courant. Je crois. J'ai dû penser qu'il fallait qu'il le sache. J'ai dû lui écrire pour l'informer.

J'ai commencé à aller mal peu de temps après. Je faisais des insomnies. J'avais des problèmes de nourriture. Je mangeais très peu. Parfois, une pomme dans la journée. Je comptais le nombre de calories sur les paquets. Je contemplais ma maigreur dans la glace. Prendre le train pour Paris, et tenir jusqu'au soir, me fatiguait. En arrivant à la gare, je me suis dit plusieurs fois : Pourquoi je ne repars pas dans l'autre sens ?

Un matin, je me suis arrêtée au bout du quai :

— Je ne viens pas avec vous.

Joël s'est planté devant moi. Grand, costaud :

— Tu t'es levée ce matin, tu as pris le train... Tu as fait le plus dur. Allez. Viens.

Je n'ai pas bougé.

— Il te reste quoi ? Un bout de métro. Allez, viens. Tu vas voir. On va passer une bonne journée. Tu seras contente d'être restée. Tu viens ?

— Je suis trop fatiguée.

J'ai attendu le train du retour sur une des chaises orange, face aux quais, dans la partie du hall qui donnaient sur la rue d'Alsace. À l'endroit où j'avais parlé sept ans plus tôt à mon sac de voyage.

Je suis retournée en cours la fois suivante. Une ou deux fois encore. Ça a recommencé dans les souterrains du métro, quelques semaines plus tard.

— T'imagines, tous les gens qui voudraient être à ta place ? Y a vingt dossiers, par an, qui sont pris. Et toi t'es dedans. Tu peux pas lâcher comme ça. C'est pas possible.

Joël était planté devant moi. Il avait un pli réprobateur autour de la bouche :

— Si tu laisses tomber maintenant, je te préviens, ils ne te reprendront pas l'année prochaine. Qu'est-ce que tu vas faire ? Tu vas rester là, comme ça, chez toi ? Il te reste quoi, mars, avril, mai. T'as plus que trois mois à tenir. C'est rien. Allez. Viens.

— Je dors pas du tout. Ça fait quatre nuits de suite que j'ai pas fermé l'œil.

— Toi, tu sais pourquoi tu dors pas ?

— Plus ou moins.

Au début, j'ai été contente de rester à la maison. Il y avait un gros coussin dans un coin du salon. Je lisais affalée. J'écoutais des paroles de chansons les yeux fermés. J'espérais que j'allais m'endormir. L'idée d'être réveillée par la sonnerie du téléphone me tournait dans la tête. Je me relevais. Je débranchais la prise. Je vérifiais que la porte était fermée et la clé tournée dans la serrure. J'ai acquis la plupart de mes habitudes à cette époque-là. Débrancher le téléphone. Vérifier que la porte est bien fermée. Mes heures de coucher. Mes phobies alimentaires.

Je ne faisais rien dans la maison. Je ne savais pas faire fonctionner la machine à laver. Acheter le repas du soir m'angoissait.

Je lisais. Je traînais. J'allais dans la cuisine. Je prenais une pomme. Je croquais dedans. Je marchais dans les pièces à pas lents. Je pleurais plus ou moins, en disant à haute voix :

— Je suis fatiguée… Je suis fatiguée…

Les journées étaient longues. J'avais une boule dans la gorge du matin au soir. Le crépuscule était le moment le plus difficile. J'appréhendais la tombée de la nuit. Je guettais le retour de Claude postée devant la fenêtre. On allait faire des courses. Je ne savais pas quoi acheter. J'étais tiraillée. Je voulais que ce soit bon. Je ne voulais pas grossir. Du saumon, des œufs, des légumes, du poisson. Un dessert. Je ne savais pas ce que je voulais. Quand j'étais seule, je ne me posais pas la question. J'engloutissais n'importe quoi. J'alternais avec des périodes où je ne mangeais rien. Une pomme dans la journée. Deux œufs durs. Je suis descendue à quarante et un kilos.

J'avais des réactions incontrôlables. Il m'est arrivé, place d'Erlon, de jeter par terre des tranches de jambon blanc, enroulées dans leur papier, qu'on venait d'acheter. J'avais mal au ventre. J'étais figée sur le trottoir. Je ne pouvais plus avancer. Je me cachais derrière une colonne pour pleurer. Ou je m'allongeais par terre, sous les arcades. Je ne mangeais plus. Je ne dormais pas. Je ne pouvais plus faire l'amour. Je ne pouvais plus vivre.

Une fois, au moment de quitter Reims pour quelques jours, sur le pas de la porte, Claude m'a dit, en me regardant dans les yeux, et en me tenant les mains :

— S'il m'arrive quelque chose, sache que ma dernière pensée aura été pour toi.

Il m'a avoué, des années plus tard, que, quand il rentrait, il se demandait parfois s'il allait me retrouver vivante. Je n'ai jamais songé à me suicider. Ça me traversait l'esprit. Je savais que je ne le ferais pas. Je voulais vivre. J'étais fatiguée. Triste. Je n'avais envie de rien. Plus rien ne m'intéressait. Je n'avais plus envie de faire l'amour. Mon vagin se contractait quand Claude me pénétrait. J'avais mal. On arrêtait. Parfois on pleurait. Je pensais que personne d'autre que lui ne pourrait m'aimer ni me supporter. La plupart des filles que je connaissais étaient encore à la recherche de l'homme de leur vie. Je me disais que, moi, je l'avais trouvé. Je me sentais privilégiée. Mais que j'aurais peut-être préféré qu'il soit autrement, plus attirant.

On allait chez ma mère et André pour se faire dorloter. Les fins de repas s'éternisaient. Il y avait toute une série de petites assiettes sur la table. Des purées, des gâteaux, des biscuits, du fromage. Derrière un dessert il y en avait un autre. Le chocolat avec le café, des nouvelles tablettes, un reste de compote, des fruits secs. Une boîte de gâteaux à laquelle ils n'avaient pas pensé. Je m'empiffrais. On s'installait dans le salon. Eux, dans un coin. Moi, dans un autre. Ils jouaient aux cartes. Je n'aimais pas les jeux. Je les regardais assise sur un canapé en feuilletant des journaux. Je continuais de grignoter. Je faisais des allers-retours entre le salon et la cuisine. J'avais l'impression, après, d'avoir passé une bonne soirée.

Le lendemain, ma mère me téléphonait :

— T'as mieux dormi cette nuit ?

— Maman. Arrête de me poser la question. Non. Évidemment non.

— C'est embêtant ça.

— Comme tu dis.

Un médecin, que j'aimais bien, et en qui j'avais confiance, m'interrogeait sur la structure de mes nuits et me prescrivait des médicaments. J'allais à la pharmacie en bas de chez moi. La patronne m'a servie un jour. Elle a lu l'ordonnance, et levé les yeux vers moi :

— Vous avez quel âge ?

— Vingt-trois ans.

— Je vais vous envoyer bécher mon jardin, moi. Vous allez voir. Après ça, vous allez dormir.

Une gerbe de feu est montée dans ma gorge. J'ai pensé : « Voilà. C'est ça, la haine. »

La seule chose qui me faisait du bien, c'était d'aller dans les magasins. Je ne pensais à rien. J'essayais des vêtements. Claude m'accompagnait parfois. Entre mes apparitions, il les commentait avec les vendeuses. Elles le trouvaient attentif et patient. Elles faisaient partie de notre vie quotidienne, et nous apportaient des bouffées d'oxygène. Il y avait une boutique où on pouvait acheter, ne pas acheter, essayer et rester des heures. La gérante prenait de mes nouvelles :

— Ça avance vos recherches de travail ? Vous avez trouvé ?

— Toujours pas.

— Pourtant vous avez des diplômes.

— Mais je n'ai pas d'expérience...

— Et Air France, ça ne vous intéresserait pas ? Parce qu'ils assurent la formation...

J'étais inscrite à l'ANPE. Je lisais les offres d'emploi. J'envoyais des candidatures. J'ai été convoquée à

Berck pour un poste de gestion dans un hôpital. Je me suis promenée sur la digue en me demandant comment ce serait de vivre là. Le ciel était gris. Mais il y avait la mer. L'horizon. Le vent de face plaquait ma jupe sur mes cuisses. L'hôpital se trouvait face à la plage. Une femme m'a reçue. Puis raccompagnée dans le hall :

— Il faut que vous preniez un peu de bouteille...

J'ai passé le concours des Impôts, de la Sécurité sociale, de la Drac de la région. Quand ils prenaient une seule personne, j'arrivais deuxième. Et à la limite qui faisait que je n'étais pas prise, quand ils en prenaient plusieurs.

Je ne savais juger ni les événements de ma vie, ni mes sentiments, ni ceux des autres. Je ne comprenais pas ce que je vivais. Je voyais ce qui me manquait. Ce que je ne vivais pas. Je savais que j'avais un problème à régler. Je ne savais pas comment le résoudre. Je me demandais si quelque chose pouvait m'arriver, qui changerait le cours de mon existence. Je ne me sentais pas vivante. Pas en train de vivre. J'étais comme endormie. Comme anesthésiée. J'avais des inquiétudes sur ma santé, que je gérais plus ou moins, un nœud dans la gorge en permanence. Et de la peine pour la jeune femme que j'étais. Je trouvais que mes vingt-trois ans n'éclataient pas.

Mon médecin savait que j'avais vécu un inceste. Quelques semaines plus tard, à la fin d'une consultation, je lui ai demandé :

— Est-ce que vous croyez que je devrais faire une psychanalyse ?

— Ce serait une très bonne idée.

Il a griffonné un nom sur un papier, et me l'a tendu.

— Tenez, c'est quelqu'un de formidable, il m'a dénoué des situations terribles.

Dans les débuts de l'analyse, après une nuit diffi-
cile, un dimanche matin, j'ai appelé mon père. Une
voix féminine a répondu :
— Angot, oui allô.
— Est-ce que Pierre est là, s'il vous plaît ?
La voix a crié :
— Papa…
J'appelais chez lui pour la première fois.
— Oui allô.
— C'est Christine.
— Comment vas-tu ?
— J'ai envie de me foutre en l'air.
— Ne dis pas des choses horribles. Que se passe-
t-il ?
— Il se passe que je n'arrive plus à vivre, que je ne
dors plus, que je voudrais qu'on me donne un coup
de marteau sur la tête, au moins comme ça je dormi-
rais. J'en peux plus. Je suis fatiguée. J'y arrive plus…
J'ai été obligée d'arrêter mes études. J'arrive plus à
rien. À rien…

— Je ne sais pas de quelles études il s'agissait, tu ne m'as jamais consulté…

— Un DEA de droit social à la Sorbonne. Très difficile à obtenir. Je n'arrivais plus à étudier. J'étais tout le temps fatiguée. Je vais très mal. J'ai perdu quinze kilos.

— Tu devrais voir un médecin.

— Qu'est-ce que tu crois ? Je ne vois que ça des médecins. Toi, pendant ce temps-là, tout va bien ? Ta famille, ton dimanche ? Tu passes un bon dimanche, là, avec ta petite famille ? Ils sont contents ? Ils vont bien ? Ça va leur vie ?

— Je t'en prie, calme-toi. Comment ça se passe avec ton mari, tu t'es mariée…

— Heureusement qu'il est là. C'est la seule personne qui me fait du bien.

— Je ne vais pas pouvoir rester au téléphone. Tout le monde commence à se demander ce qui se passe. Tu peux m'appeler demain au bureau ?

— Je t'appelle aujourd'hui, parce que j'ai passé une nuit horrible, une de plus, pour que tu saches les conséquences de ce que tu as fait. C'est tout.

— Ne dis pas n'importe quoi…

— Je dis n'importe quoi ? Je dis n'importe quoi ? Comment tu oses ? J'ai été obligée de commencer une psychanalyse. J'y vais trois fois par semaine. C'est dur. C'est très dur. Ça coûte cher. Tu m'as fait beaucoup de mal. Beaucoup. Voilà ce que je voulais te dire. Pour que tu le saches. J'ai envie de crever. Je veux que tu le saches. Et que c'est de ta faute.

— Tu devrais faire attention, tu sais, ce genre de traitement ne convient pas à tout le monde, et peut causer beaucoup de dégâts chez certaines personnes.

— Mais oui bien sûr, c'est la psychanalyse, qui cause des dégâts.

J'ai claqué le combiné sur son socle.

Dans la même période, Claude et moi avons été invités chez Dominique, avec son copain, et un ami à eux, étudiant vétérinaire à Maisons-Alfort.

Claude a dit en arrivant :

— On ne partira pas trop tard, Christine se couche tôt en ce moment.

— T'as toujours tes problèmes de sommeil ?

— Oui.

— Oh, ça va s'arranger avec les vacances... Se baigner, se promener, manger, faire l'amour, tout ça... ça va vous faire du bien.

J'ai affiché la complicité qu'on attendait de moi par un sourire entendu. Je me sentais bannie du groupe des femmes quand l'une d'elles faisait allusion à la sexualité. J'avais l'impression d'être une petite fille. Je pensais que je n'avais rien à offrir sexuellement. Qu'une partie essentielle de ma vie m'avait été retirée. Il y avait le vague espoir, au fond de moi, que ce ne soit pas définitif.

Dominique avait fait une fondue savoyarde. Elle est arrivée avec un poêlon qu'elle a posé sur la table. L'ami étudiant vétérinaire était face à moi. Je ne sais pas comment c'est venu. Ce n'est pas moi qui ai lancé le sujet. Il est parti dans une violente critique de la psychanalyse.

— Ahlala, quelle rigolade, quand tu penses qu'il y en a qui y croient.

— Il y a des gens à qui ça peut faire du bien…

— Il n'y a pas de formation reconnue. N'importe qui peut mettre sa plaque. C'est des mecs qui ont des problèmes, à la base, qui font ça.

— Il y en a qui sont médecins.

— Au concours de médecine, psychiatre, c'est la queue du classement. Ceux qui deviennent psychanalystes, c'est vraiment le fond de la bouteille.

— Les gens qui vont mal, ils ont quelle solution ?

— Les rencontres. Le travail. L'amour.

— Et si ça ne suffit pas ?

— Alors là. C'est pas de ma faute s'ils ont une vie de merde. S'ils ont besoin de ça pour s'en sortir, ils s'en sortiront jamais.

— J'en ai commencé une la semaine dernière.

— Si t'as besoin de ça pour t'en sortir, tu t'en sortiras jamais.

— T'as déjà couché avec ta mère ?

— … Non, pourquoi ?

— Ah, c'est pour ça. C'est pour ça alors que tu ne comprends pas. Parce que moi, oui. Moi j'ai couché avec mon père.

Il s'est assis par terre dans le couloir, la tête entre les mains. Le copain de Dominique l'a rejoint. On a parlé quelques minutes avec elle, et on est partis.

Dans l'escalier, on riait.

— L'ambiance était cassée. Ça, c'est sûr !

À la maison, on a mis de la musique, et allongés sur le canapé, on s'est repassés le film de la soirée. On parlait. On riait. Tout d'un coup, j'ai eu une vision rétrospective de la scène, et des paroles que j'avais prononcées. J'ai éclaté en sanglots :

— C'est dur, tout de même, de parler comme ça aux gens.

Au bout de quelques mois d'analyse, je me suis inscrite en DEA à la fac de Reims. Mon mémoire portait sur l'imputabilité des crimes contre l'humanité en droit international. Je suis tombée amoureuse d'un étudiant. J'ai eu une brève histoire avec lui. Il vivait avec quelqu'un. Moi aussi, mais je pensais que, moi, c'était par handicap, et incapacité d'être avec un autre que Claude. Je rêvais de me séparer de lui. Je me disais qu'il m'entravait, que je pourrais déployer mes ailes, vivre, m'envoler. Être avec quelqu'un qui me plairait. J'essayais de démarrer ma vie. Je faisais des listes de ce que chacun emporterait quand on divorcerait. J'y renonçais, comme à des rêves. J'avais peur de rester avec lui autant que de le perdre. J'écrivais depuis quelques mois. J'avais commencé un roman. Le titre était *Mélodrague*.

Un dimanche matin, on était nus dans notre lit, Claude m'a dit :

— La vérité c'est qu'on a un problème de couple, et qu'on n'arrive plus à faire l'amour.

— T'exagères. Hier tu m'as caressée, tu m'as touchée. Ça ne compte pas alors ? C'est rien pour toi ? Quand tu ne me pénètres pas, ça ne compte pas !

— Je ne t'accuse pas. Je sais qu'il y a des moments où tu ne peux pas. Mais je ne peux pas m'empêcher de me dire que c'est peut-être de ma faute. Et que si t'étais avec quelqu'un d'autre ça ne se passerait pas comme ça.

— Tu as raison, Claude, en ce moment on a un problème de couple, mais je ne suis pas d'accord pour mettre toute la responsabilité là-dessus.

— Ça fait des semaines que tu ne supportes pas que j'entre en toi avec mon sexe. J'ai le droit de mettre les doigts, de te lécher, heureusement, et à des petites caresses superficielles, mais chaque fois que je m'aventure, tu te crispes. Tu te raidis. Je le sens. J'ai l'impression qu'il y a des panneaux d'interdiction, partout sur ton corps, qui clignotent.

— En ce moment c'est comme ça, excuse-moi. Si tu ne supportes pas, à quoi ça sert que tu m'aies accompagnée chez le médecin l'autre jour ? Il nous a bien expliqué, non ? Il t'a dit que c'était une irritation à l'entrée du vagin, et que ça faisait mal. Il a perdu son temps ? Ça ne va pas durer. Il te l'a dit. Il t'a dit que c'était nerveux, que j'étais stressée en ce moment, mais que nerveux ne veut pas dire irréel, il t'a dit que c'était une douleur réelle.

— T'es toujours stressée. C'est pour ça qu'on s'est rencontrés ? C'est pour vivre comme ça ? Pour résoudre des problèmes. Ne plus jamais avoir de joie. Ne plus rire. Ne plus jamais être bien tous les deux.

— Comment tu peux dire ça ? On est bien tous les deux. Moi je suis bien avec toi.

— Moi aussi. Et ça va peut-être revenir. Je sais que je peux rire avec toi. Je peux être heureux. Je peux être léger. En ce moment, soit t'es énervée, soit t'es fatiguée. Chaque fois que je fais un pas sur le parquet, j'ai peur de te réveiller, et que ta journée soit gâchée, parce que tu n'auras pas assez dormi. J'ai toujours peur de dire, ou de faire une bêtise.

— C'est pas de ta faute, Claude, si je peux vivre avec personne. Tu n'y es pour rien. C'est pas de ta faute si quand j'avais treize ans, mon père me réveillait en pleine nuit, parce que...

— S'il n'y a rien à faire pour te rendre heureuse, je pourrai pas. Ça me rend trop triste. Je peux plus le supporter.

— Je sais qu'on est malheureux tous les deux. Chaque fois qu'on commence à s'embrasser et à se caresser, et qu'on parle, ça finit en larmes. Moi aussi, j'en ai marre. C'est toute ma sexualité, à moi, qui est comme ça, alors que toi, ça peut être différent.

À la rentrée suivante, il a obtenu un poste à l'université de Nice. J'ai été admise au Collège d'Europe de Bruges. J'ai voulu profiter de l'éloignement pour me séparer de lui. J'ai passé mes vacances dans un club en Espagne. Seule. J'ai couché avec un prof de voile. J'ai pensé que ma sexualité allait très bien.

Puis je suis arrivée à Bruges. Cent trente étudiants de vingt nationalités différentes préparaient les concours d'entrée aux administrations européennes. Il y avait des fêtes tous les week-ends. Des couples se formaient. Un

Italien venait me chercher le dimanche. On allait se promener à Ostende ou à Zeebruges. Les jours de semaine, la bibliothèque était pleine. Tout le monde travaillait beaucoup.

Je relisais mon manuscrit. J'ai commencé à me sentir décalée. À appeler Claude tous les soirs. Il est venu me voir en février. On a complété la liste de ce que chacun emporterait quand on se séparerait. Puis il est reparti à Nice. Il était debout devant la porte, en manteau, son sac à l'épaule.

— Attends. Je viens avec toi. Je travaille pas assez de toute façon, je vais rater mes examens. Tu peux me déposer à Reims ?

— J'ai douze heures de route à faire, moi.

— Mais c'est sur ton chemin...

— Dépêche-toi.

J'ai rangé les affaires de toute une année en quelques minutes. J'ai écrit une lettre au directeur de l'école. Je l'ai confiée à une étudiante canadienne, croisée dans la salle du petit-déjeuner.

— Tu peux donner ça au directeur ? Je pars. Je rentre en France. J'ai écrit un livre. Je voudrais le faire publier.

Claude m'a déposée à Reims. Ma mère a tapé mon manuscrit. Je l'ai envoyé à des éditeurs.

Je n'avais pas vu mon père depuis dix ans. Je lui ai écrit. Dans la lettre, je disais que j'allais mieux, qu'il était mon père, que je tenais à lui, et que j'aimerais qu'on ait enfin des relations filiales. Il a répondu. Il était d'accord. On s'est donné rendez-vous à mi-chemin entre Reims et Strasbourg. J'ai dit à Claude et à ma mère qu'il acceptait d'avoir des relations normales, et que je le rejoignais à Nancy. Ils ont exprimé des doutes. J'ai répondu que je me sentais forte.

Le café était dans une rue étroite, qui descendait vers la place Stanislas. La salle, en contrebas du trottoir. Je me suis assise face à la porte. Je l'ai vu entrer.

— Comment vas-tu ?

— Très bien. J'ai fait des études au Collège d'Europe…

— C'est une excellente école, on a beaucoup d'administrateurs, au Conseil, qui en viennent.

— J'ai arrêté. Parce que j'ai écrit un roman.

— Formidable. Tu comptes l'envoyer à des éditeurs ?

— C'est déjà fait.

— Tu attends les réponses alors…

— Oui.

Deux chambres étaient réservées dans un hôtel. Il a posé mon sac sur la banquette arrière d'une 604 Peugeot bleue, m'a ouvert la porte avant, et s'est installé au volant.

— Ça se passe bien avec ton mari ?

Il conduisait avec assurance. Comme d'habitude.

— Il vit à Nice, lui, maintenant. On est séparés. Mais il reste la personne dont je me sens le plus proche. J'ai entièrement confiance en lui.

— C'est plutôt rare, tu sais, dans un couple. Pourquoi vous séparez-vous, c'est dommage…

— Quand j'ai été malade, on a traversé des moments difficiles. Ça nous a abîmés. Et comme je ne suis pas très sensuelle, physiquement, les relations sont devenues compliquées.

Il a tourné la tête vers moi :

— On est moins sensuelle à vingt-cinq ans qu'à quinze alors…

Je n'ai rien répondu. J'avais peur. Je comprenais que j'avais été naïve, que je n'aurais pas dû venir à Nancy, qu'il me rappelait à la fonction sexuelle qui m'avait été attribuée, et au rang d'enfant de seconde zone qui n'avait jamais cessé d'être le mien.

Il a pris les clés à la réception. Il m'a accompagnée dans ma chambre. Il était très excité. Il effleurait mes lèvres, et les pinçait entre les siennes. Il me disait des mots d'amour, en caressant mes cuisses et mes fesses. Il a introduit le bout de son sexe dans mon anus.

— N'aie pas peur. Détends-toi. Tu es trop crispée, là.

J'ai dit :

— Attends.

Je me suis mise sur le dos. Bras écartés, sans résistance. J'ai pensé : Tant pis. J'en ai marre d'essayer d'argumenter. Ça ne sert à rien. Je me suis sabordée. Je ne croyais plus à rien. Je me suis soumise à la réalité. Je voulais que ce soit clair et définitif. Qu'il n'y ait plus rien à protéger, plus de limite à surveiller, ne plus être confrontée à mon échec. Ma vie amoureuse était saccagée. Je le savais. Il n'y avait plus rien à faire. Un peu plus, un peu moins. Ce n'était qu'une différence de degré. Je ne m'intéressais plus à moi-même. Je n'avais plus d'importance à mes propres yeux. J'étais allongée sur le dos. Je n'avais plus rien à perdre. Je n'avais plus peur. J'avais l'impression de participer à ma vie en participant à ma propre négation. Ma vie telle qu'elle était, non pas dans mes rêves, mais en réalité. Telle qu'elle s'imposait à moi dans les faits. J'ai pensé qu'il valait mieux en prendre acte avec lucidité. Que d'assister à l'échec répété des moyens que je mettais en œuvre depuis des années pour y échapper. J'étais indifférente à moi-même, à ma vie, à mon avenir. Ça me rendait triste. J'étais triste. Ça n'avait plus d'importance. Puisque faire autrement était impossible. Que c'était inexorable. Je n'avais plus d'argument à opposer à mon père. Je n'en cherchais pas. J'avais vingt-six ans. Celui de la virginité, qui avait été pertinent treize ans plus tôt, ne l'était plus.

— Je préfère ça à l'autre solution. Pas longtemps s'il te plaît.

— Tu es merveilleuse, Christou… Je n'éjaculerai pas. Je rentre et je sors.

Un genou sur le matelas, il a pris son sexe dans la main, et l'a introduit dans mon vagin. Il est allé au fond. Ça a duré quelques secondes. J'ai eu la sensation d'un courant électrique, ou de la lame d'une épée qui entre dans le corps. Je n'avais plus l'impression d'être moi. J'avais l'impression d'être dans une sorte de néant. D'être débarrassée de ma personne. Je me sentais morte. Il ne m'était plus nécessaire de trouver de l'énergie à vivre. Ce n'était pas désagréable. J'étais triste. Intérieurement je pleurais. Mais, au moins, mon échec était clair et indiscutable. J'étais débarrassée de l'obligation de me faire respecter. Y compris par moi-même. De préserver ma personne, mon être, mon intégrité, mon corps. Tout ça. Mon avenir. Mes chances.

— Je voudrais que tu sortes, là, j'ai peur que tu éjacules.

— Laisse-moi encore un petit peu.

Il a fait quelques va-et-vient supplémentaires. Puis la lame de l'épée s'est retirée.

Son corps a basculé sur le côté.

— Tu m'as manqué. J'ai été malheureux, tu sais.

— Je voulais des relations normales. Qu'est-ce que je pouvais faire d'autre, que de ne plus te voir ? La preuve, tu vois bien.

— Tu m'as trahi. Tu m'as enfoncé un couteau dans le cœur.

— Je n'avais pas d'autre solution.

— On s'est retrouvés. On ne se quittera plus maintenant. Dis, tu aimes toujours Paris ?

— J'adore Paris.

— J'en avais assez de descendre à l'hôtel, alors j'ai acheté un petit appartement, dans le dix-septième. Tu pourras en profiter si tu veux. À condition de me prévenir à temps. Les enfants aiment bien y aller eux aussi, avec leurs amis. Et j'y vais moi-même assez souvent. Par exemple, la semaine prochaine, j'y serai pour le Salon du Livre.

C'était un appartement de soixante-dix mètres carrés, au sixième et dernier étage d'un immeuble haussmannien, qui faisait l'angle de la rue de Courcelles et de la rue Cardinet.

Le Salon du Livre se tenait au Grand Palais. Ma mère et André étaient à Paris ce week-end-là. On les a croisés dans une travée par hasard. Ils nous ont montré leurs achats. On leur a montré les nôtres. Ma mère paraissait satisfaite d'être vue en compagnie d'André, son mari, professeur d'université. La conversation a été fluide. Les sourires aimables. Mon père, le cou tenu, les épaules en arrière. Ça a duré quelques minutes. À l'intersection de deux allées, ma mère et André se sont engagés dans une travée, mon père et moi dans une autre.

— Il est très sympathique, le compagnon de ta mère.

— Son mari, oui, il est très gentil.

— Il est au courant de ce qui s'est passé entre nous ?

— Oui.

— Tu vois, pour moi, quand on les rencontre, comme là, il est extrêmement déplaisant de savoir qu'ils connaissent nos rapports.

— Je ne pouvais pas ne pas le dire. Ils ne savent pas que ça a recommencé de toute façon.

Pendant la première période, celle des viols qui ont eu lieu entre treize et seize ans, j'avais l'intention de parler. Pendant la deuxième période, qui se déroulait à ce moment-là, c'était différent. Je m'en voulais d'avoir écrit la lettre et d'être allée à Nancy. Je me sentais responsable. Et, j'avais honte de ne pas avoir obtenu de lui des rapports normaux. Je ne voulais pas que Claude ou ma mère me fasse remarquer que j'avais été naïve. Ou, pire, qu'ils pensent que c'était mon choix. L'échec était définitif. Tout était fini. Je ne voyais pas l'intérêt de dire quoi que ce soit. Je n'avais plus aucun pourcentage d'espoir. Je voyais la situation comme une mort. Les faits intervenus à Nancy, qui se poursuivaient à Paris, comme une fin.

Le lendemain, mon père est reparti pour Strasbourg.

Je pouvais rester quelques jours de plus. Je devais rendre les clés à la gardienne en partant. Je considérais l'appartement comme une belle prise. Ma capacité à en tirer profit, comme un talent. J'aimais que mon nom soit inscrit sur la sonnette, sur la boîte aux lettres et que mon visage se reflète dans le miroir de l'ascenseur. J'étais fière de mon habileté à exploiter les aspects matériels de la situation. Le soir, je téléphonais à Claude. Le fait de ne pas avoir à payer la communication m'apparaissait comme une forme de compensation, ou de revanche, que je m'accordais. Nos conversations tournaient autour de la possibilité que je le rejoigne à Nice, tout en restant séparés.

Une boulangerie faisait l'angle de la rue. J'achetais du pain et des gâteaux. Suffisamment pour ne pas en manquer. J'avais du mal à m'arrêter. J'étais angoissée quand il n'y en avait plus.

En fin de journée, je m'accoudais à la balustrade qui donnait sur la rue de Courcelles, et je regardais en propriétaire les appartements d'en face, les rues autour de moi, et le soleil qui se couchait sur l'ouest.

J'ai décidé de tenir un journal intime en arrivant à Nice. J'ai acheté un cahier de brouillon de format écolier. Ma mère et André nous ont rendu visite en avril.

Dimanche 7 avril

Décision d'écrire un journal. Car la difficulté a été extrême de se souvenir de Pâques l'année dernière. On avait déjeuné avec maman et André à L'Assiette Champenoise. Claude et moi sortions à peine de notre première séparation. Le retrouver n'était pas évident. On ne savait pas si c'était du provisoire, du transitoire, du définitif.

Aujourd'hui, merveilleuse journée. Déjeuner à Saint-Jean-Cap-Ferrat. Tour dans le port de plaisance. Puis, nous roulons vers Beaulieu dans la Talbot noire. Pierre et Maman y ont vécu leur dernier séjour amoureux, il y a vingt-sept ans. Dans la chapelle de

Villefranche, drôle d'impression en pensant qu'ils y sont allés ensemble, et que maman était enceinte.

Dans l'appartement qu'ils louent face à la mer, nous regardons les bateaux entrer et sortir du port. André prépare quelque chose à grignoter malgré l'absence de faim. Puis nous nous disons au revoir. Pour longtemps. Temps indéfini. Je les embrasse. Je leur souris. Une fois dehors, je hurle. Je pleure. Sensation d'étouffer. Première fois que je quitte maman pour de bon. On ne vivra plus jamais dans la même ville. Je me dis qu'elle va mourir, que c'est déjà fait, que je l'ai déjà perdue. Je l'adore. Je pense à mon père, adoré différemment. Ce soir, il me paraît moins vital. D'autres jours, il est tout.

Retour par la côte dans la Talbot noire. Claude me console. La nuit, nous faisons l'amour. Le sentiment d'avoir rompu avec ma mère me donne une pulsion de vie. Faire l'amour comme si Claude et moi étions ensemble homme et femme pour la première fois.

Lundi 8 avril

Jour férié. La journée se passe au lit. Intervalles d'amour et de paresse. Découverte du jeu. Importance des doigts de Claude sur mes seins. Ses longs doigts si beaux.

Abstinence de nourriture, comme pénitence pour avoir laissé partir maman. Le soir, soûle de faim. Promenade au bras de Claude dans les rues piétonnes. Pizza. Sur le chemin du retour, glace et sablé.

Mercredi 10 avril

Plusieurs jours sans mon père, Pierre chéri.

Dîner chez une collègue de Claude, Maryse. Elle me pèse sous toutes les coutures. Cette fausse façon de s'intéresser à moi, de me dire que les éditeurs vont s'arracher mon premier livre, n'est qu'un moyen d'attirer les moqueries, le ridicule, et le doute sur moi-même. J'affirme dans une conversation que je serais capable de tuer quelqu'un par passion. Ils sont surpris. Dans amour il y a haine, non ? Maryse réplique : chacun aime à sa façon.

Je fais un cauchemar dans la nuit. Le lendemain, sensation d'être à l'étroit dans ma vie.

Jeudi 11 avril

Je suis persuadée de ma médiocrité. Je ferais mieux de chercher un travail qui ressemble aux autres. Écrivain ? Mais qui j'espère convaincre ? Je suis une petite bonne femme nulle. Même pas heureuse en plus. Je veux rentrer dans la norme. Enfants, gâteaux le dimanche, maison propre et agréable, famille. Je le propose à Claude. Il répond : « Non. T'es douée, tu es une artiste, alors continue. Je suis convaincu de ton talent. Moi, je ne suis pas un créateur, simple consommateur d'art, la frustration me rend fou. »

Il veut me donner les moyens d'être publiée, de devenir, ou de rester écrivain, sans avoir de souci matériel. Il bosse son agrégation, les épreuves approchent.

Nous habitons une petite maison au Mont-Boron. Pour mon besoin de liberté, deux appartements l'un au-dessus de l'autre. Moi, au premier, vue sur mer, hauts plafonds, murs blancs. Lui, rez-de-chaussée, jardin vert. C'est la maison d'une femme écrivain, achetée avec des droits d'auteur. Son fils, sculpteur, nous la loue.

Vendredi 12 avril

Le monde m'appartient. J'ai commencé ce journal. Euphorie.

Descente à pied du Mont-Boron. Détour par le vieux port, l'Estérel ancré au loin.

Grande soirée. Claude me montre les photos qu'il a prises sur le port de Villefranche. Il y en a une que j'aime bien : je marche entre les bateaux, je ris, l'air heureux. J'ai pris du poids. Mais mon visage est bien.

Il me prête deux francs pour téléphoner à Pierre, quitté pour lui il y a cinq ans. Une cabine, place Garibaldi. Je fais le numéro. Nous prenons rendez-vous pour demain à Nice-Étoile, au rayon librairie de la Fnac.

Couchée contre Claude, j'ai du mal à m'endormir. Je passe une nuit froide.

Samedi 13 avril

Claude me dépose en voiture à Nice-Étoile. Je monte à la Fnac, je demande le *Journal* de l'Abbé

Mugnier, présenté à « Apostrophes » hier soir. J'aperçois Pierre. Il n'a pas changé. Cheveux très courts, beau, son visage se remarque, frappe. On sort. Recherche d'un restaurant.

— Allons cours Saleya.

Ma salade exotique n'est pas terrible, mais j'ai bien deux kilos à perdre. J'aimerais fermer ma jupe sans bloquer ma respiration.

Pendant le déjeuner, décrispation. Promenade des Anglais, corps qui bronzent sur la plage. Une adolescente court sur le sable, dans un maillot une pièce, noir, décolleté bas dans le dos, je la suis des yeux.

Pierre m'emmène à Cannes en voiture. Va-t-il me raccompagner ce soir, ou demain ?

À Juan-les-Pins, nous passons devant des restaurants à souvenirs. Je ne sais pas qualifier ce que je ressens. Trouble ? Indifférence ? Retour de l'amour ?

La Croisette, place de Noailles, nous dînons à La Torche. Il n'y est retourné avec personne. C'est un peu chez nous. Il me prend le bras rue d'Antibes. Me parle beaucoup de sa copine. Apparemment, relation difficile, rapports compliqués, « je suis malheureux en amour », dit-il. Sa main sur ma taille. La mienne sur son bras. Rires comme avant. Musique, souvenirs, paroles. La bouche. Le baiser.

Nous faisons très bien l'amour. Pourtant, je ne me sens pas belle. Il entre en moi, et je suis bouleversée. Je ne dors pas de la nuit. Il dit qu'il m'a toujours aimée, je suppose que moi aussi. Il est heureux. Mon premier amour vrai. Mais Claude.

Dimanche 14 avril

Petit-déjeuner à Cannes sur des nuages. Amour. Questions tues. Sur le balcon de son nouvel appartement, je regarde la mer.

Larmes chaudes. Elles m'entourent.

Dans la voiture vers Nice : savoir ce qu'il ressent, cette érection permanente, est-ce une preuve, une preuve d'amour ? D'après lui, oui. Vivre ensemble ? Un enfant ? Il me dépose devant la grille de la maison. On convient que je le rappelle.

Sur mon transat, sous le soleil, je pense à lui. Je suis émue. Je me sens traversée de part en part.

17 heures, Claude rentre de la plage. Sa tête triste. Triste et solitaire. Le contraire du désir. Je fais des comparaisons. Avec lui, discussions intellectuelles possibles. J'ai peur, une vraie terreur, qu'il m'abandonne. Moi sans travail, sans un sou, mes manuscrits sans valeur sous le bras.

Endormissement gêné à ses côtés, mes pieds dans ses jambes. Pas de sexe, par pitié.

Lundi 15 avril

Bain presque froid. Envie d'écrire. Soleil dans le jardin.

Je m'arrache au transat pour aller voir s'il y a du courrier. Rien.

Je descends chez Claude pour reprendre les disques qui m'appartiennent, et lui prouver que, même d'un étage à l'autre, on n'a décidément plus rien à partager.

D'après lui, il m'aime de passion. Éternité assurée. Fardeau pour moi.

Toute la journée, je pense à Pierre. Un peu à Claude. À mon père. À d'autres. Christophe, un instant. Patrick, relégué. Michel, plus de traces.

Mardi 16 avril

Claude est en congé pré-agrég. Sa présence est lourde. Il a rasé sa barbe. Je fais comme si je ne remarquais rien. Il est juste laid. Plus tard, je conseille : laisse-la repousser.

Au courrier, une lettre de mon père : Il dit que je suis incapable de faire face à notre amour. Qu'est-ce qu'il a dû être heureux quand il a reçu ma lettre. C'était un retard des postes, il a cru à une mort. Le seul avec qui le renoncement ne compterait pas, le seul à qui il faille renoncer. Des moments de désespoir fermes m'ont fait envisager de vivre avec lui.

Fin des coups de cœur de toute façon programmée.

Seule dans mon deux-pièces, vue sur mer. Une vieillesse solitaire ? Tout ça finira bien par m'avoir.

Fin de journée : film avec Romy Schneider à la télé.

Fin de télé : Crise de nerfs, pleurs. Claude, son visage. Ambiance insupportable.

Il a parlé de moi à ses élèves de BTS, excités à l'idée de me rencontrer, moi qui écris des livres, bien qu'ils ne soient pas publiés.

Je me sens bizarre. La femme (ou l'ex-femme) du prof.

Mercredi 17 avril

Réveil tendu auprès de Claude. Il souffre. Sa peine est terrible. Je le tiens à l'écart de ce journal. Ne pas lui faire revivre par le stylo ce qui était si dur au présent.

Télégramme de mon père : il veut qu'on se retrouve à Tende. Je préfère à Nice plutôt que dans ces montagnes hostiles. Je l'appelle. Il arrive vendredi.

Il faudrait que je rencontre sa copie conforme. Sans filiation. Le bonheur a le droit d'exister. Qu'est-ce qui bloque ?

Jeudi 18 avril

Claude passe la première épreuve d'agrégation. Seule dans la maison. Ménage.

Vendredi 19 avril

Nettoyage de la salle de bains. Lavage de cheveux. Lecture interrompue par des coups frappés à la porte en bois, à 14 heures. Il trouve la maison « très méridionale ». À peine arrivé, il fait l'amour. Il dit que j'ai souri. Je ne suis pas bien. Quelque chose ne va pas. Seules les conversations m'intéressent. Son corps n'est pas désirable pour moi. Pas comme celui de Pierre, ou de Claude. J'ai peur de le décevoir.

Je lui fais écouter une chanson, dont j'ai écrit les paroles et Claude la musique. On sort en fin d'après-midi. Il lui faut une bouillabaisse.

Au rez-de-chaussée, lumière filtrant par les volets. Bonsoir très chaleureux de la voix de mon père. Main tendue du côté de Claude. Ils font connaissance. Qui sont-ils ? Chacun sur un canapé, moi sur le fauteuil entre eux. Je ne compte pas. Claude est à la hauteur. Pourquoi je le traite comme s'il était en dessous des autres ? J'ai honte. Il ne sait pas ce qui s'est passé à Nancy.

La voiture de mon père garée devant la grille, je monte. Un tour à pied dans le vieux Nice. Dîner à Los Caracoles, trois couverts Michelin. Il a eu une idée : sa famille possède un petit immeuble à Laval dans la Mayenne. Il y a un local au rez-de-chaussée. Possibilité d'ouvrir une librairie que je pourrais tenir.

Lumière chez Claude au retour. Je frappe à la vitre. Il nous fait entrer. Il met les Stranglers sur la platine. Conversation. Quelques tutoiements. On parle contestation. L'après-midi, on avait parlé vie foutue.

Samedi 20 avril

Dos à la colline, sur les hauteurs de la ville, la mer au loin, un petit muret borde la route, je dis que je ne peux pas continuer comme ça. Je lui avais écrit après Bruges, pour avoir enfin des relations normales. Je constate que ce n'est pas possible. Je ne veux pas rester dans cette situation. J'ai des rapports faux avec tout le monde. Je ne dis la vérité à personne. Je n'en peux plus. On est debout, à côté du muret.

— Soit on arrête de se voir, totalement, définitivement. Ou, puisque c'est comme ça, si vraiment tu n'y peux rien, on n'a qu'à partir et à vivre ensemble. N'importe où. Puisque tu dis que tu ne peux pas faire autrement que de...

— Ce n'est pas aussi simple.

Déjeuner rapide Cours Saleya. Aux autres tables, des garçons avec qui je ne peux pas être.

Dimanche 21 avril

Le matin, au réveil, il s'approche de moi. Le lit grince. Je ne me sens pas bien. Je pleure. Il me le reproche. Tout d'un coup, j'ai un flash : Je le vois en monstre. Je le lui dis.

Ça ne lui plaît pas. Pas du tout. Il se fâche. Veut que je me taise. La vision en monstre ne passe pas. Il part à Carcassonne sans moi. Il ne me file pas de fric. Il prend son sac, dit qu'il revient la semaine prochaine.

J'ai peur qu'il m'abandonne si je ne me « donne » plus.

Je descends chez Claude, je me précipite vers lui en larmes :

— Il devait m'emmener à Carcassonne. Il s'en va.

Claude sort.

Mon père met son sac dans le coffre. Il dit à Claude qu'il est déçu que je n'oublie pas mes problèmes de travail même pour trois jours. Claude crie. Il lui fait la leçon. De là où je suis, je n'entends pas tout.

Mon père monte dans sa voiture. Il part.

Déjeuner avec Claude dans le jardin.

Je lui parle de Laval, de cette idée de librairie, puis je pleure. Je le regarde :

— Tu sais, ça a recommencé.

— Je sais.

Là, charnière de vie.

— Je vous ai entendus. Le lit grinçait.

— Salaud. Maintenant tu as un pouvoir sur moi. Pourquoi tu n'es pas monté si tu as entendu ?

Lundi 22 avril

La nuit d'insomnie risque de gâcher l'année d'études. Claude passe l'épreuve de dissertation. Sujet : Woolf. Les mondes intérieurs.

On dort en haut. Tous les deux. Dans mon lit. On fait l'amour en mimant la saleté, moi, putain fictive, lui, instrument. Fantasmes, on est trois, on est quatre, une fille qui a une grosse poitrine, je m'endors.

Il faut que je dise à mon père que Claude sait, pour que ça s'arrête définitivement. J'ai peur qu'il m'abandonne.

Mardi 23 avril

Dans mon lit jusqu'à quatorze heures. Je me sens inutile. Mal.

Mercredi 24 avril

Je traîne au lit. Je me sens grosse et inutile. Je me dis que la société a eu tort de ne pas me mettre à son service. Résultat, voie individuelle, l'écriture. L'isolement. C'est dur.

Je ne peux parler à personne. Les Télécoms repoussent l'installation du téléphone depuis des semaines. Je dis à l'employée qu'elle est un mur. Un mur qui me dit « parce que c'est comme ça ».

Jeudi 25 avril

Je me pèse. Sur la balance, deux solutions : diète, ou régime raisonnable.

Le soir : deux yaourts, deux pommes, une orange.

Vendredi 26 avril

Le train pour Tende part à 16 h 30. Je n'ai pas envie d'y aller.

Grasse matinée avec Claude.

Nous transportons des meubles d'un appartement à l'autre. Le but : rendre le mien plus agréable, puisqu'il y passe tout son temps ; et annuler sa demande de téléphone, il n'est jamais chez lui.

Un tour dans les rues piétonnes. Une annonce en vitrine : Néréïdes cherche vendeuse. J'entre. La gérante sera là lundi ou mardi. Les chances sont maigres. J'écourterai quand même le séjour à Tende pour ce rendez-vous d'embauche.

Claude m'accompagne à la gare. J'appréhende. Pas envie.

18 h 24 : Arrivée à Tende.

Mon père m'accueille avec un sourire lumineux. J'ai décidé de ne plus faire l'amour avec lui, du tout, je lui dis. C'est clair, c'est définitif. Son amour y résistera-t-il ?

Promenade dans les rues de la petite ville après avoir déposé mes affaires à l'Hôtel Impérial.

Dîner au restaurant, ambiance famille-montagne. Retour à l'hôtel. J'essaie de ne pas trop marquer la différence avec avant. J'allume la télé, en continuant de me déshabiller devant lui. Je me glisse dans son lit pour la regarder. Lui ne veut rien voir. Ses caresses me gênent, j'ai l'impression qu'il teste, qu'il tâte à la recherche du point limite pour le dépasser. Le genou, la cuisse, l'aîne, un geste en entraîne un autre. Je lui dis d'arrêter. Il est triste. Malheureux. Il ne crie pas. J'ai l'impression de découvrir un être fragile, qui manque de courage, et naïf dans le domaine de la vie.

Dimanche 28 avril

Lever désagréable. Je ne suis pas allée dans sa chambre au réveil. Il est mécontent. Dire qu'à Nice, il n'y aura qu'un lit. J'ai peur des caresses subies. Hâte de retrouver Claude.

Retour par les routes de montagne. Je hais la montagne. Il ne pense qu'à visiter La Brigue et Saorge. Je dis non. J'ai mal au cœur. On y va quand même. Je le laisse faire ses promenades.

On rentre à Nice en passant par l'Italie, il dit :

— Là, je te fais plaisir, parce que, moi, l'Italie, j'y suis passé la semaine dernière.

La côte bleu et vert. Il veut un restaurant en bord de mer. Je vais dans des endroits classés. Je goûte des plats délicieux. J'ai du mal à profiter de ces moments. Si j'avais de l'argent, c'est avec Claude que je ferais tout ça.

On arrive. Il est sur son transat.

Lundi 29 avril

Rendez-vous vexant chez Néréïdes. Je n'ai fait qu'entrer et sortir. Promenade des Anglais à la recherche d'un emploi dans un hôtel. Mon père veut que je sois expert immobilier. Toutes mes paroles sont forcées. Toutes.

Le soir, restaurant tous les trois. Lui, Claude et moi.

Nuit. Effort. Je me couche à côté de mon père. J'ai envie de dormir seule. Il balade son sexe contre le mien. Je n'y tiens plus. Crise de nerfs. Lui, c'est sûrement sa première. Je suis trop mal. Je ne peux pas rester. Je le crois gentil quand il m'autorise à aller dormir chez Claude dans un lit à une personne.

Je descends.

Claude m'accueille. Il est doux. Je me serre contre lui.

Mardi 30 avril

Départ de mon père. Abandon. Est-ce qu'il n'a pas supporté la crise dans la nuit? Ne me servir à rien comme il le dit? Ou ne pas faire l'amour comme je le crois?

Mercredi 1ᵉʳ mai

Je dresse une belle table dans le jardin au soleil. Je m'habille d'une grande chemise blanche. Claude est émerveillé. L'après-midi, des étudiants nous rendent visite. Ça me faisait plaisir. Finalement je m'ennuie.

Jeudi 2 mai

Affreuse journée. Boulimie gigantesque. Envie de suicide. Mais le moyen ? Grève de la faim pour protester contre tout ce qui ne va pas ?
Situation désespérée.
Maman me manque.
Je sors.

Vendredi 3 mai

Je suis hors-jeu pour la recherche d'emploi. J'ai même peur qu'on m'offre un travail. Je me trouve nulle. Les circonstances ont eu raison de ma confiance.

Habituée aux places de première depuis la maternelle, aujourd'hui, j'envisage juste de me laisser mourir.

Au programme, diète, attente des Télécoms. C'est à l'absence de téléphone que j'attribue pour l'instant les rendez-vous professionnels manqués, l'ennui, les nerfs à bout, la solitude. Le type arrive enfin :

— Alors, c'est le troisième rendez-vous.

Je grimace. Il ne sait pas que tous les jours je rate mon suicide.

Il me fait fumer de l'herbe. J'en fume pour la première fois. On va dans la chambre. Je couche avec lui. C'est ridicule. Il ne me plaît pas. Des gros muscles, un visage assez fin.

J'arrive à la conclusion que, forcée de vivre, il me faudrait une raison. La plus belle serait la publication de *Mélodrague*. Je n'y crois pas. C'est comme un rêve de jeune fille un peu bête.

J'aime Claude. L'amour devrait être une raison suffisante pour vivre. Est-ce que je crois l'aimer ?

Il rentre fatigué. Soirée agréable.

Week-end devant nous.

Samedi 4 mai

Ma diète se poursuit avec succès. Nous restons au lit longtemps. Je n'apprécie pas beaucoup les caresses, aujourd'hui. Préoccupée.

Il me remonte le moral question littérature. Il y croit.

On sort. Il pleut. À la Fnac, je parle au responsable de la librairie. Gentil. Il me donne des noms d'éditeurs à qui envoyer mon manuscrit. J'achète trois livres. Claude feuillette discrètement dans un coin.

J'essaie des bagues et des alliances. J'ai perdu la mienne.

Le soir, Maryse à la maison. Rien à tirer de la conversation. Quel ennui. La joie de se coucher tous les deux, et de pouvoir se réveiller ensemble demain dimanche.

Dimanche 5 mai

Après des caresses, et des « bien sûr que tu seras publiée », nous faisons l'amour.

J'invite Claude à déjeuner à Villefranche. Je porte un kimono rouge acheté la veille qui m'illumine. Je suis belle aujourd'hui. On me regarde. Claude est fier.

Lundi 6 mai

La journée s'annonce longue. Douze heures seule. La pluie dehors.

Mardi 7 mai

Amour au réveil. Le pantalon de Claude, en boule par terre, rappelle les premiers temps. Non, ce sont des nouveaux temps ! Il l'enfile pour être à l'heure à la fac.

Tout à l'heure, tout avait bien commencé. J'avais joui une première fois, il recommençait à me caresser, il a compris que je touchais mon clitoris, il a soulevé les draps en disant :

— Qu'est-ce que tu fais, là, tu te branles ?

Il parle de sa mère castratrice. Elle a réussi son coup. Il est toujours à côté de la plaque. Mais on y arrivera.

Mercredi 8 mai

Engueulade au téléphone avec mon père. Il dit que l'éloignement physique le gêne, mais que je lui manque moins depuis qu'il s'est remis à sa recherche.

Vendredi 10 mai

Au réveil, je me sens drôle. Quelque chose ne va pas. Il me semble que je m'enfonce à nouveau dans la vie de couple avec vendeuse comme perspective. J'attends quoi ?

Mardi 14 mai

Crise de nerfs dans la nuit. Je reproche à Claude son immobilisme, et la routine qu'il traîne avec lui. Je le vire du lit. Il part. Et revient.

Le matin, je ne l'entends pas se lever. Juste un bruit de voiture au loin.

Samedi 18 mai

Nuit brève. Amour parfait.

Dimanche 19 mai

Encore une merveilleuse journée. On passera notre vie ensemble. C'est sûr.

Lundi 20 mai

Ça se gâte.

Le type des Télécoms me rend visite. Il se roule un joint. Il fait passer la fumée, en collant sa bouche à la mienne. Je me sens faible. Nous faisons l'amour. Je ne jouis pas. Il veut me revoir, il a l'air amoureux.

Je suis heureuse de retrouver Claude quand il rentre. Décidée à lui cacher ce qui s'est passé, je lui dis la vérité. Pourquoi ? Parce que c'est plus pratique. Par incapacité. Ou pour être libre. Il me traite de fille facile :

— Moi, j'ai foi en la fidélité.

J'appelle mon père pour lui demander si c'est mal d'être infidèle. Nous sommes proches, semblables, identiques quelquefois. Il va dire non, je le sais.

Maman au téléphone :

— Tu es en train d'évoluer, laisse faire le temps.

Je lui passe Claude pour qu'elle le rassure.

Mercredi 22 mai

Premier jour de travail. À Cagnes-sur-Mer, dans une boîte de formation. Doucement, je m'ennuie. Doucement, je ne fais rien. Plage à midi. Retour au bureau. Puis Claude vient enfin me chercher.

Vendredi 24 mai

Mauvaise soirée. J'étais si contente d'entamer le week-end.

Pleurs, crise, découragement. Je suis asociale. Donc le travail ne me rend pas heureuse. Je voulais être écrivain.

Mercredi 29 mai

Direction quai des Deux-Emmanuel. Je sonne chez Le Clézio, une voix de femme derrière la porte :
— Qui est là ?
— Je viens déposer un manuscrit pour M. Le Clézio.
Elle ouvre à peine, j'entrevois son visage. Pâle, âgé, lisse, peau blanche.
— Je ne sais pas s'il aura le temps de le lire.
— Je le laisse quand même.
J'envoie trois autres manuscrits par la poste à trois éditeurs. À quand la réponse ?

Vendredi 31 mai

Dehors, il fait beau et chaud.
Le soir, télé, « Apostrophes ».

Samedi 1er juin

Rendez-vous avec Me Bosc, avocat, qui me prend si j'accepte de travailler beaucoup pour un salaire de misère. Perspective du CAPA. J'accepte.
À 12 h 45, au courrier, une lettre postée de Nice. Pas Le Clézio, pas déjà. Fais taire ton orgueil.
J'ouvre. J.M.G. Le Clézio. J'attends pour la lire. Je m'assois.

Cris, joie.

C'est le plus beau jour de ma vie. Promenade à Cannes sur des nuages. Bord de mer. Je sors de la voiture en hurlant de joie.

Dimanche 2 juin

Réveil émerveillé aux côtés de Claude. Je suis écrivain. Nous le savons tous les deux maintenant. Il a cru en moi dès la première page. L'amour au lit. Comme hier. Phase heureuse. Temps fastes.

J'écris à Le Clézio ma gratitude. Je lui réponds que, bien sûr, je l'autorise à porter mon roman au Mercure de France comme il le propose.

Mardi 4 juin

La FNAC doit prendre des remplaçants pour l'été. Je pourrais travailler là.

Mercredi 5 juin

J'ai écrit la date. La page est blanche. Le journal s'arrête là.

J'ai transporté ce cahier dans les différents lieux où j'ai vécu. Je le relisais parfois. J'avais honte et pitié de celle que j'avais été. Je le mettais à la cave, ou en haut d'un placard.

Longtemps après, quand les années ont passé, et que Claude et moi étions séparés, la cohérence de certains événements entre eux ne m'apparaissait plus. Je me perdais dans les dates. Je ne savais plus ce qui avait précédé quoi. Je me demandais s'il se souvenait de détails que j'avais oubliés. On n'avait plus de contact. J'avais déménagé à Paris. Il vivait avec quelqu'un d'autre. Moi aussi. Je l'ai revu à l'occasion d'un enterrement. Il pleuvait. Il tenait un parapluie ouvert au-dessus de lui. Il était habillé tout en noir. Un masque chirurgical sur le visage. On ne voyait que les yeux. Dans lesquels je m'étais plongée si souvent. Au retour, je lui ai laissé un message disant que j'étais heureuse de l'avoir revu. Et, quelques semaines plus tard, que j'aimerais bien lui parler. On a convenu d'un rendez-vous téléphonique. Un soir, vers sept heures.

— Je peux te poser une ou deux questions sur l'époque de Nice ? Nice, mon père, etc. Il est venu deux fois, c'est ça ?

155

— Je crois bien, oui.

— Qu'est-ce que tu as, toi, comme souvenir ?

— Heu…

— Ne t'inquiète pas. C'est juste pour confronter avec les miens. Les dates, la logique des faits, l'enchaînement. La chronologie. Rien de plus. Je ne veux pas parler de choses compliquées là tout de suite. Ne t'inquiète pas. Les dates, la chronologie, c'est tout. Il y a un truc que je ne comprends pas entre deux événements. Soit je me trompe de date, soit il s'est passé quelque chose que j'oublie. À Nice, il est venu deux fois, ça, on est d'accord…

— Je crois bien. J'ai un point de repère parce que je passais l'agrég, la première fois qu'il est venu. Oui. Je me souviens. Je rentre des épreuves de l'agrég, ton père est là. Depuis un jour ou deux. Je ne sais pas. On est rue Urbain-Bosio. Dans la petite maison. Toi, tu habites en haut. Moi, en bas. Vous venez me rendre visite. C'est la première fois, j'ai l'impression, que je le rencontre. Oui, c'est ça. Tu me le présentes. On parle de l'épreuve de traduction. Et il me semble qu'on parle d'un mot bien précis…

— C'est l'épreuve que tu viens de passer ?

— Oui. On parle d'un mot bien précis. Qui est le mot *hopscotch*. Qui veut dire « la marelle ». Je ne peux pas te dire d'autres choses à ce moment-là de la conversation. Je peux te parler de mon ressenti, ça, oui. Mais pas d'autres éléments de la conversation. Ça, non.

— Ton ressenti, c'est quoi ?

— Mon ressenti ?

— Oui.

— Je me sens tout petit. Intimidé. À plusieurs égards. Intellectuellement. D'abord. Je suis un petit linguiste de rien du tout comparé à lui. Qui parle trente langues. Un truc comme ça. Mais aussi, en tant qu'homme. En tant que masculin. J'ai l'impression de me sentir moins masculin que lui l'est. Il me pose une question. Qui est : « comment est-ce que je prononce *dance* ».

— Oui. Je me souviens très bien quand il t'a demandé ça.

— Je réponds : « dainse ». Il dit « ahlala ces américanistes… ». Et lui, il prononce : « dance ».

— Je me souviens très bien. Très très bien.

— Et je remarque deux choses, sur toi. Un, je remarque que tu as mis des chaussures à talon. Des chaussures à talon… un peu dame. Deux, je remarque que tu as du maquillage. Du rouge à lèvres, en plus des yeux. Ce qui était assez rare chez toi. Je me dis « elle s'est faite femme pour son père ». Trois. Je vois un type de regard entre vous deux, que je sens chargé. Un type de regard que je ne t'ai jamais vu avoir, et que je sens à ce moment-là. Ça a duré très peu de temps. Après, de toute façon, vous êtes sortis au resto.

— Tu te souviens bien.

— Je me souviens de peu de choses. Mais de choses extrêmement fortes, extrêmement violentes. Oui. Je ne me souviens pas de tout, mais de certaines choses violentes et…

— Peut-être que tu devrais m'en parler plus tard. Peut-être pas aujourd'hui. Je ne peux pas entendre des choses trop violentes, là, tout de suite. Je vais me coucher bientôt, je me couche tôt, je ne veux pas m'endormir avec ça dans la tête.

— Je comprends.

— Dis-moi juste l'enchaînement, pour l'instant. Nice, j'ai vingt-six ans, il vient, en avril ?

— Oui, et une deuxième fois, quinze jours plus tard...

— C'est ça. À Tende.

— Peut-être.

— Oui. À Tende. Ensuite on revient à Nice. C'est là qu'il part. Et que tu lui dis quelque chose ? C'est ça ou c'est la fois d'avant.

— Je ne lui dis pas ce que j'ai à lui dire. Mais je lui parle. Il va vers sa voiture... Je le rattrape devant le portail.

— Tu te souviens quelle voiture il avait ?

— Bleue ? Noire ? Une grosse Peugeot bleue ?

— Tu lui dis quoi ?

— Je suis en colère. Je lui parle violemment. Même si je ne dis pas ce que j'ai à lui dire. Je lui dis des choses violentes. Je ne sais plus très bien quoi.

— Tu ne te souviens plus du tout, de rien ?

— Je lui dis qu'il te fait souffrir.

— OK. Merci Claude. Vraiment. On pourra en reparler, se rappeler ? Ça ne te dérange pas ?

— Quand tu veux.

— J'étais contente de parler avec toi. Merci. Toi, tu vas bien ? Ça se passe bien la fac ?

La conversation s'est poursuivie quelques instants. Puis on a raccroché.

Après la visite de mon père à Nice, les contacts se sont résumés à des coups de fil. On parlait de ses recherches en linguistique, de mes envois aux éditeurs, et de la rue Cardinet. Il m'avait donné un trousseau de clés. J'avais l'impression de disposer des mêmes prérogatives que ses autres enfants. Je les ai gardées longtemps. Même après que la serrure a été changée, et l'appartement vendu.

Je n'étais toujours pas publiée. Mon dernier manuscrit contenait une allusion à l'inceste. Une toute petite phrase. À la dernière page. Ce n'était pas développé. Je l'ai envoyé à mon père. Il m'en a parlé au téléphone, un jour que j'étais rue Cardinet.

— Tu as un style. C'est bien. J'ai noté une ou deux choses…

— Oui.

— Dans la scène à Amsterdam, tu écris «on vit, on choisit, on part». Tu peux élider le sujet : « On vit, choisit, part. »

— Pourquoi pas.

— Tu devrais écrire sur ce que tu as vécu avec moi… C'est intéressant. C'est une expérience que tout le monde ne vit pas.

— Tu as vu la dernière page ?

— Bien sûr.

— Ça ne te gêne pas ?

— Pas du tout. C'est une question de style. Il faudrait que le lecteur s'interroge, qu'il se demande s'il est dans le rêve, dans la réalité, que ce soit un peu incertain, un peu à la manière de Robbe-Grillet. Tu as lu son dernier roman, *Djinn* ?

J'ai éclaté de rire en raccrochant. Je marchais dans l'appartement, de long en large, d'un mur à l'autre, de la porte à la fenêtre, en parlant toute seule. « Tu te trompes lourdement mon vieux. Ah non. Ça ne va pas se passer comme ça. Je ne vais certainement pas le faire à la manière de Robbe-Grillet. Alors là. Certainement pas. » Je haussais les épaules. J'écartais les bras. « Tu as vraiment imaginé que j'allais continuer à t'obéir à ce point-là ? T'es un peu... con, en fait. Ouais t'es con. Connard va. Qu'on ne sache pas si on est dans le rêve ou la réalité ! C'est toi qui rêves. Si j'écris, tu penses que c'est pour m'aplatir ? Il est fini ce temps-là. Pauvre con va. Tu penses que j'avais besoin de toi pour me donner l'idée d'écrire ce que j'ai vécu. Tu me prends pour qui ? Je te méprise en fait. T'es juste un pauvre petit-bourgeois littéraire de merde. À la manière de Robbe-Grillet, non mais, tu vas mal ou quoi ? Si j'arrive un jour à écrire ce truc, ça ne sera certainement pas la méthode que j'emploierai. Certainement pas. Ce sera tout à fait clair. Au contraire. J'espère. Si j'y arrive. Pauvre con. »

J'ai lu *Djinn* dans l'avion qui me ramenait vers Nice.

Claude et moi ne parlions plus d'appartements séparés. On vivait dans un grand deux-pièces. Une chambre. Un salon, dans lequel j'avais mis mon bureau. Deux terrasses. La plus grande prolongeait la

cuisine, et donnait sur la rue Blacas. La seconde atte-
nait à la chambre.

On faisait l'amour sans désir de ma part. Mais
j'avais du plaisir. Il y avait une part de mécanique,
que la jouissance estompait, et justifiait. Je n'envisa-
geais aucune autre relation. Je cachais mon corps. Je
portais des vêtements larges, des grands pulls. Des jog-
gings. Des gilets qui m'arrivaient à mi-cuisse. La question d'avoir un enfant avait été suspendue. Je me
sentais incapable de donner tant que je n'étais pas
publiée. Je craignais, si c'était une fille, d'être jalouse
d'elle, parce qu'elle aurait un père qui serait quelqu'un
de bien. Et de lui faire payer mon ressentiment.

Claude avait une rêverie, qu'il faisait souvent.
Il nous voyait dans un appartement qui donnait sur
la Seine. Un appartement avec une immense verrière.
Je déambulais à travers les pièces, dans un ensemble en
soie, vert bronze, fluide, pendant que lui regardait la
Seine par la verrière. Il me décrivait sa vision. Le passage des péniches, le tombé de mon ensemble en soie,
la souplesse du tissu, ma beauté qui éclatait.

J'avais vingt-huit ans. Mon demi-frère, vingt-deux.
Ma demi-sœur, vingt. Leurs parents ont estimé qu'ils
étaient en âge de connaître mon existence. Mon père
m'a téléphoné pour me dire qu'ils étaient ravis d'avoir
une grande sœur, et souhaitaient me rencontrer. Ça
n'avait plus le même sens que quand j'avais treize ans,
et que je demandais à faire leur connaissance. Mais
j'étais contente.

— On leur a dit que tu habitais Nice, alors évidemment Loulou aimerait beaucoup venir te voir pendant les vacances…

— En juillet, elle pourrait ? Ça tomberait bien, je suis toute seule.

Claude encadrait des séjours linguistiques en Angleterre tous les étés.

— Et Antoine, je pourrai le voir quand ?

— À partir du 15 août, il sera à Strasbourg… Sa sœur ne sera pas là, mais tu peux venir avec Claude. On peut vous loger… Vous aurez votre chambre…

J'ai rencontré la femme de mon père au mois de juin. On a déjeuné rue Cardinet. Les plis de la nappe blanche retombaient sur le sol. Le linge. Les rideaux. Les canapés. La vaisselle. Tout était blanc dans l'appartement.

Elle m'a raconté le premier déjeuner avec ses beaux-parents. Il y avait des huîtres. Elle a trouvé une perle dans la première qu'elle a portée à sa bouche.

— C'était un présage magnifique. Tu ne trouves pas ? Il ne faut pas que je dise « tu ne trouves pas » devant Pierre. Il ne va pas être content. Hein, mon chéri ? Mais enfin, c'est incroyable. Une perle. Une perle grise. Je l'ai gardée, quand tu viendras, je te la montrerai si tu veux.

Elle était blonde, volubile et d'allure sportive. Elle organisait des rencontres culturelles dans son club de tennis. À propos du physique d'un philosophe qu'elle y avait reçu, et qui passait à la télévision dans ces années-là, elle a levé les yeux au ciel d'un air extatique.

Elle avait un petit accent.

— Tu sais ce qu'ils ont dit, les enfants, quand ils ont su qu'ils avaient une grande sœur : « C'est bien, parce que, comme ça, on n'est pas une famille comme les autres. »

Elle a éclaté de rire. Moi aussi.

Ma sœur est venue à Nice en juillet. Elle est restée trois semaines. À la plage, elle a pris des photos. Sur l'une d'elles, je sortais de l'eau, je portais un maillot de bain deux pièces, gris et noir, à rayures. J'avais minci. Elle m'a fait des compliments sur ma silhouette.

— De toute façon, physiquement, c'est Antoine qui lui ressemble le plus. Sur le plan intellectuel, c'est toi, il le dit lui-même. Moi aussi je lui ressemble, mais pour d'autres raisons.

— Lesquelles ?

— Il adore le sexe. Et moi, je suis pareille. Je sais très bien qu'il a des maîtresses, même si ça me fait de la peine pour ma mère. Le sexe, c'est très important pour lui. Pour moi aussi. J'adore faire l'amour. Je serais capable d'aller me prostituer tellement j'aime ça. Ça me fait peur, des fois, c'est uniquement par manque de courage que je ne le fais pas.

— Fais-le.

— Me dis pas ça. Je serais capable d'y aller.

— Profite que tu es ici. Personne te connaît. Tu verras bien.

— Je le ferai peut-être un jour, pour l'instant, je préfère le vivre dans ma tête.

— Il y a un malentendu entre nous. Toi, tu me parles librement. Moi, il y a quelque chose que je ne te dis pas.

— Si ça concerne papa, tu peux y aller, je sais comment il est.

— Ça, tu ne le sais pas.

J'étais dans mon lit. Elle, sur une petite chauffeuse qui se dépliait. La pénombre de la nuit entrait dans la chambre par la fenêtre ouverte.

— J'ai peur de ta réaction.

— Tu peux me parler franchement.

— Tu sais ce que c'est l'inceste ?

— Oui.

— Il a fait ça avec moi.

— C'est dégueulasse. Je pensais pas qu'il aurait été capable de ça quand même.

— Tu m'en veux de te l'avoir dit ?

— Non. Mais ça me fait drôle.

— Tu aurais préféré que je ne te le dise pas ?

— Non. Même si c'est dur. Comme ça je sais à qui j'ai affaire. J'y penserai quand il y aura un problème. Dans ma tête, je le saurai. Et, s'il veut essayer de se faire passer pour ce qu'il n'est pas, j'aurai un moyen de pression sur lui. Même si je le dis pas.

Quelques jours plus tard, on est allées à la plage.

— Ça m'a fait un choc, ce que tu m'as raconté. Je vais avoir du mal à m'en remettre. Je pense que je vais en parler. Ça t'embête si je le fais ?

— Non.

Claude et moi sommes arrivés à Strasbourg à la mi-août. Astrid partait en Tunisie le lendemain. Elle avait fait une quiche lorraine. On a dîné dans la cuisine.

— Servez-vous, parce que je ne vous considère pas comme de la famille.

Elle s'est rendu compte de son lapsus et s'est corrigée.

Antoine était grand, blond, large d'épaules. Il venait de passer son permis, et envisageait d'acheter un auto-radio. Il a fait l'éloge de Blaupunkt.

— On était super contents, avec ma sœur, d'apprendre ton existence. Comme ça, on n'est pas une famille comme les autres.

— Oui, ta mère m'a dit…

À la fin du repas, elle a sorti des photos de mon père enfant, et de femmes qu'il avait connues. Elle en a posé une de ma mère à côté de mon assiette. Et a fait une remarque sur sa beauté.

L'appartement était un duplex. Claude et moi avons dormi dans une chambre mansardée. Un Velux donnait sur le ciel.

Le lendemain, il a proposé d'aller faire des courses. Mon père nous a indiqué un supermarché.

— Vous prenez ce que vous voulez. Et à la caisse, vous faites mettre sur le compte de Angot.

— Il suffit de dire c'est sur le compte Angot ?

— C'est ça.

On a rempli un caddie, et déposé les produits sur le tapis roulant.

— Sur le compte Angot, s'il vous plaît.

Une femme faisait la queue derrière nous :

— Vous ne faites pas partie de la famille. Qui êtes-vous ?

— Je suis la fille de Pierre Angot.

— Ah oui, mais moi je suis une amie d'Astrid Angot. Je connais très bien les enfants. Vous n'êtes pas leur fille.

J'ai continué à remplir les sacs. Le cœur battant, les jambes tremblantes.

— Claude. Vite. Dépêche-toi.

On a couru sur le trottoir avec nos paquets. Le gérant s'est lancé à notre poursuite.

On est montés dans la voiture.

Il frappait aux vitres.

Claude a bloqué l'ouverture.

— Vite, Claude. Démarre. Vite. Très très vite.

Je sanglotais.

— Vite, je t'en prie. Vite.

On a démarré en trombe.

Dans l'appartement, je me suis effondrée en pleurs sur le canapé du salon.

Mon père était au téléphone.

— Tout est normal. (…) Ne vous inquiétez pas…

J'ai compris, à des bribes de dialogues, qu'il parlait avec le gérant.

— Ne vous inquiétez pas. (…) Oui. Je connais cette femme… Elle ne connaît pas toute la famille…

Je me suis sentie protégée par « elle ne connaît pas toute la famille ».

— Non. (…) Tout va bien… (…) Je vous en prie m'sieur.

Antoine était absent ce soir-là. On a dîné tous les trois.

— Ils sont horribles ces gens.

— N'importe quel commerçant aurait agi de la même façon…

— Oui, mais, elle n'avait pas besoin de dire ça, cette bonne femme.

— Elle a cru bien faire. C'est une amie d'Astrid. Je la connais. Elle est très gentille. Les gens ne sont pas obligés de tout savoir.

— Tu nous aurais vus, avec nos paquets, en train de courir, comme des voleurs…

La nuit, Claude et moi avons parlé. Allongés sur le lit, sous le carré de ciel noir qui se découpait dans le Velux.

Le jour du départ, Antoine a dit :

— On ne s'est pas beaucoup vus, j'espère qu'on se reverra, et qu'on aura l'occasion de discuter.

— Moi aussi, Antoine.

J'imaginais qu'un lien pouvait se créer, se développer, durer.

Claude mettait la valise dans le coffre. J'ai levé les yeux vers l'appartement. Antoine était à la fenêtre. J'ai eu l'impression qu'il était triste de nous voir partir. Je lui ai fait un signe.

C'était l'année de mes vingt-huit ans. J'étais à la limite de la prescription de dix ans qui s'appliquait pour les viols sur mineurs. Les plus récents avaient eu lieu deux ans plus tôt à Nancy, à Nice et à Tende. Ils étaient couverts quelques années encore. Pour les viols sur mineur, si je voulais agir, c'était maintenant.

Je suis allée dans un commissariat de Nice, qui se trouvait sur les hauteurs de la ville. Claude m'a accompagnée. Je suis entrée dans un bâtiment blanc, moderne. J'ai été reçue par un commissaire. Il m'a prise au sérieux. Il m'a écoutée. La pièce était claire. Par la baie vitrée, on voyait la mer qui se confondait avec le ciel.

— Moi, je peux très bien le faire convoquer dans un commissariat de Strasbourg.

— Il a toujours dit qu'il nierait, il va nier.

— Nos agents ne se laissent pas impressionner, vous savez, ils ont l'habitude. Je peux tout à fait le faire convoquer.

— Bon… D'accord.

— Vu l'ancienneté des faits, il sera sans doute compliqué de les faire établir, et vraisemblablement, votre père ne sera pas condamné…

— C'est vrai ce que je dis.

— Je ne mets pas votre parole en doute, madame. Et je vais le faire convoquer. Mais il y aura une procédure. Une enquête. Un enquêteur va instruire l'affaire pour que les faits soient établis en droit. La justice s'appuie sur des éléments matériels, pour que votre père ne puisse pas nier, ou contester les faits, justement. Donc il faut pouvoir les prouver. Quand ils sont anciens, ça peut être compliqué. Est-ce que vous vous souvenez des villes dans lesquelles ç'a eu lieu ?

— Oui. Même des hôtels, parfois.

— Donc ça, c'est bien. Il faudra aller voir les hôteliers, leur demander s'ils se souviennent d'un homme avec une jeune fille, il y a combien... douze ans, treize ans... S'ils ont remarqué un comportement qui les a intrigués...

— Je ne pense pas qu'un comportement ait pu les intriguer.

— Je vais le faire convoquer. Ce n'est jamais agréable de recevoir une convocation de la police. Surtout, si j'ai bien compris, que personne ne connaît votre existence dans son entourage. Ses collègues, ses amis...

— Personne. À part sa femme, et depuis très peu de temps ses enfants. Ma sœur est au courant de ce qui s'est passé, je lui ai dit. Il y a deux mois.

— Elle en aura peut-être parlé à sa mère.

— Ça m'étonnerait. Sa mère, je l'ai vue il y a trois semaines, elle avait l'air tout à fait tranquille.

— Je vais le faire convoquer. Les voisins vont le voir partir avec la police, ce n'est jamais agréable. Et je peux dire à mes collègues de ne pas le ménager pendant l'interrogatoire. Vu l'ancienneté des faits, je suis obligé de vous dire qu'il ne sera probablement pas condamné, à moins qu'il les reconnaisse spontanément.

— Alors, il y a des faits plus récents, qui ont eu lieu à Nancy, à Nice, à Paris et à Tende, il y a deux ans. Ce serait peut-être plus facile à établir...

— Certainement.

— Mais j'étais majeure.

— Ça reste des viols par ascendant, madame. Et qui ont eu un commencement d'exécution quand vous étiez mineure. Moi, je vais le faire convoquer dans un commissariat de Strasbourg. Il aura une grosse frayeur. Il sera difficile d'apporter les preuves. Il y aura sans doute un non-lieu…

— Alors, moi, là, vous voyez, je vais m'en aller. Parce que, si, en plus il faut que je supporte un non-lieu… Non. Ça, ce n'est pas possible. Un non-lieu. Non-lieu. Ça n'a pas eu lieu. Je ne pourrai pas. Je ne pourrai pas recevoir, dans ma boîte aux lettres, un papier de la Justice, un papier officiel, sur lequel il y aurait écrit «non-lieu». Je n'ai pas le courage de ça. Ah non. Ça n'a pas eu lieu. Non-lieu. Sur un papier officiel. Je ne pourrai pas recevoir ça, à en-tête de la République française. Non-lieu. Excusez-moi. Je suis désolée. Je ne peux pas.

— Vous êtes sûre ?

— Je ne veux pas voir non-lieu dans ma boîte aux lettres.

— Je ne peux pas vous mentir. Le risque existe. Je ne prends pas votre déposition ? Vous êtes sûre ?

— Non. Tant pis.

Je suis sortie du commissariat.

J'ai rejoint Claude, qui m'attendait dans la voiture.

Longtemps après, j'ai regretté. J'ai pensé que j'aurais dû porter plainte. J'aurais eu la satisfaction de savoir qu'il avait été convoqué par la police, de l'imaginer dans un bureau face à un enquêteur, en train de répondre à des questions. Je me suis dit : Tu aurais supporté, de voir écrit « non-lieu », si tu avais eu cette satisfaction préalable.

Donc, l'année de mes vingt-huit ans, les événements se sont enchaînés de la façon suivante :
— Mon anniversaire en février.
— Mon frère et ma sœur apprennent mon existence au printemps.
— Je rencontre Astrid à Paris en juin.
— Ma sœur vient à Nice en juillet.
— Claude et moi allons à Strasbourg en août. Rencontre avec Antoine. Épisode du Codec.
— Je décide de porter plainte en septembre dans un commissariat de Nice.

Plus tard, quand le temps a passé, la logique des événements ne m'apparaissait plus, je ne comprenais plus la façon dont ils s'étaient enchaînés. Je ne la voyais pas. Elle m'échappait. Il y avait des choses que je ne comprenais pas. J'ai écrit à Claude pour lui demander si on pouvait se parler. On s'est donné un rendez-vous téléphonique, un jour de semaine, en fin d'après-midi. J'étais dans ma chambre, sur un petit fauteuil en skaï noir :

— Moi, il y a quelque chose que je ne m'explique pas. J'ai vingt-six ans, mon père vient à Nice, ça se passe très mal. La deuxième fois, encore plus mal, ce qui se passe est très violent, je fais ce que j'appelais, à l'époque, une « crise de nerfs », je crie, je pleure, j'ai une vision de lui en monstre, etc. La première fois, ou la deuxième fois, je ne sais plus, peu importe. En tout cas, il ne supporte pas, il part. Et, nous, on va aller à

Strasbourg deux ans après. L'année de mes vingt-huit ans. Ça, je ne comprends pas. Ah si. Oui. Oui bien sûr. Pardon. Si. Je comprends. On y va parce qu'ils ont dit à mon frère et à ma sœur que j'existais. Oui, voilà. C'est ça. J'y vais pour rencontrer Antoine. C'est pour ça qu'on va à Strasbourg l'été suivant. D'accord, c'est logique.

— Avec l'histoire du Codec, oui.

— C'est ça. Je n'ai pas de question à te poser là-dessus. Le Codec, pour moi, c'est clair. Ce que je ne comprends pas, c'est comment, toi et moi, on va à Strasbourg, l'année de mes vingt-huit ans, l'été, quelques jours, au mois d'août, je n'ai pas vu mon père depuis deux ans, ça se passe plutôt bien, à part cette histoire de Codec, mais ensuite je ne vois plus du tout ce qui fait que, en rentrant à Nice, je vais au commissariat.

— Alors ça, j'en ai aucun souvenir.

— Ah bon ? Tu ne te souviens pas que je suis allée au commissariat. C'est toi qui m'as accompagnée. Tu étais garé sur le bas-côté. J'y suis allée seule. Tu m'as attendue dans la voiture. J'ai été reçue par un commissaire. Mais je ne comprends pas pourquoi je vais porter plainte, au retour de Strasbourg, alors que ça s'est relativement bien passé, et qu'il m'a protégée à la fin du Codec ? Il y a un truc logique, là, que je ne saisis pas.

— Protégée, protégée, déjà. Non.

— Si. Quand même.

— C'est ce que tu as cru sur le moment. Mais, après, non. On rentre du magasin. Toi, t'es vraiment mal…

— Et lui, il est rassurant.

— Heu. Il est rassurant au début. Mais, après, pendant le dîner… Non. Pas du tout. Au contraire. Il minimise. Il relativise. Il trouve des excuses à la voisine, au gérant. Il n'est pas de ton côté. Du tout. La voisine, il ne faut pas lui en vouloir, elle est gentille. Le gérant, il a fait ce qu'il fallait. Etc. Nous, après, dans la nuit, tous les deux, dans la chambre, on en parle. Et ça devient LA chose qui prend le dessus.

— LA chose? Quoi? Le fait qu'il relativise?

— Oui. Toi, tu es en colère. Contre ce qu'il dit du gérant, de la voisine, les excuses qu'il leur trouve. Lui, il n'est pas en colère. Lui, il est trop dans l'explication. Il est trop conciliant. Il y a quelque chose, là, dans la nuit, pour nous, qui prend toute son ampleur, et qui n'est plus acceptable.

— Quoi?

— Sa non-défense.

— Oui, parce qu'il ne dit pas au gérant, au téléphone, à aucun moment, « c'est ma fille ». C'est vrai. Jamais. À aucun moment. Tu as raison. La phrase qui s'en approche le plus, c'est quand il dit, à propos de la cliente, « elle ne connaît pas toute la famille ». Et moi, à ce moment-là, ça me paraît le comble de la reconnaissance. Tellement je me contente de peu. Tellement je suis idiote. Je me contente de pas grand-chose, tellement j'ai rien. Je pourrais être n'importe quoi, une arrière-petite-cousine, une pièce rapportée. N'importe quelle petite miette me suffit. Sur le moment.

— Quand on rentre. Et qu'il est au téléphone. Toi, tu étais très très mal. Et, tu as eu l'impression, sur le moment, qu'il te protégeait. Mais, très vite, après, pendant le dîner, quand on en a reparlé, il relativise. Il minimise. Pendant le dîner, c'est devenu évident. Lui, c'est : comprenez-la… la voisine… elle a cru bien faire… elle ne sait pas tout… Il relativise.

— Oui. C'est ça. Et ça m'angoisse. Forcément. Ça m'angoisse, parce que c'est le même relativisme que celui par lequel il s'autorise à pratiquer l'inceste. Elle fait partie de la famille, c'est ma fille, tout le monde n'est pas obligé de le savoir. On peut le savoir, ne pas le savoir, l'oublier, ne pas en tenir compte. Ce n'est pas précis. Ce n'est pas rigide. Ce n'est pas strict. Ça se deale. Ça se négocie, éventuellement contre des avantages sexuels. C'est relatif, c'est accessoire. C'est lui qui décide. C'est lui qui voit selon ce qui l'arrange. Il y a des degrés de parenté, il peut y avoir des degrés de filiation… Je fais partie de la famille, oui mais je suis sa fille publique, je ne peux pas être sa fille publiquement, il est sur la même ligne que les gens du Codec, tu comprends ? La cliente, elle ne sait pas tout, elle n'est pas obligée de tout savoir. T'imagines, si elle savait tout. Elle a un savoir relatif. Heureusement pour lui. Tu comprends ? Et c'est à cause de ça, certainement, que je me décide à porter plainte. Parce que, là, pour moi, ça n'a plus été supportable. Je pense. Toute cette relativité.

— Voilà. C'est ça.

— Lui, il relativise. Et moi, je suis énervée ?

— Pas sur le coup, non. Après coup, dans la nuit. Quand on se retrouve tous les deux, et qu'on prend la décision de partir.

— On a décidé de partir alors qu'on devait rester toute la semaine ? C'est ça ?

— On devait rester encore quelques jours en tout cas.

— On lui a dit au revoir ?

— On a dû lui dire au revoir.

— Ça expliquerait que je n'ai pas revu Antoine après. Plus jamais. Ou entre deux portes. Et Loulou non plus. Je n'ai plus voulu entendre parler d'eux. Sûrement. Je ne pouvais plus. Ou alors… Ou alors il aurait fallu qu'ils aient un point de vue. Qu'ils disent quelque chose de clair. Il était là, tu sais, Antoine…

— Je m'en souviens pas.

— Si. On est allés à Strasbourg pour le rencontrer, lui. Il était là. Je le revois à la fenêtre au moment du départ… Il avait un air triste.

— Non, ça, moi, Antoine, je…

— Je suis sûre, absolument sûre. Les dates, ce serait donc ça. J'ai vingt-six ans, mon père vient à Nice, deux fois. Ça se passe très mal, le lit grince, etc., tu l'entends, je fais une crise de nerfs dans la nuit, il part, et deux ans plus tard, je vais quand même à Strasbourg, parce que mon frère et ma sœur sont enfin au courant de mon existence, pour rencontrer Antoine. Ça se passe à peu près bien. Il y a le problème du Codec. On me dit que je ne suis pas sa fille. Mon père minimise, relativise. Je ne le supporte pas. Parce que, relativiser ça, c'est relativiser l'interdit de l'inceste. Et… je porte plainte en rentrant à Nice.

— Je crois que c'est ça, oui.

— Claude. Il y a autre chose que je ne comprends pas. Ce n'est pas un problème de chronologie. Mais plutôt de… présence d'esprit, ou de clarté d'esprit. Je sors du commissariat. Je te dis que je ne vais pas porter plainte, que je renonce, parce que je ne supporterais pas qu'il y ait un non-lieu. Or, comme il n'y a pas de témoin… le risque existe. Il faudrait aller chercher les hôteliers, etc. Mais, toi. Toi, tu avais entendu ce qui se passait à l'étage du dessus. Toi, Claude. Tu avais entendu le lit grincer au-dessus de ta tête, la crise de nerfs, tout ça. Etc. Tu aurais pu être un témoin. Tu aurais pu me le proposer, et me dire de porter plainte, à ce moment-là. Quand je sors du commissariat, que je te retrouve dans la voiture, et que je renonce à porter plainte, parce qu'il n'y a pas de témoin et que les faits risquent de ne pas être établis. Car, toi, tu pouvais témoigner. Tu aurais pu. Tu n'y as pas pensé. Je sais que tu n'y as pas pensé. Parce que moi non plus. Mais, je te pose la question. Là maintenant. Claude. Tu n'y as pas pensé ?

— Non.

— Tu aurais pu témoigner. Puisque tu as été témoin. Et que, justement, pour éviter un non-lieu, il en fallait des témoins. J'aurais pu te le demander. Je n'y ai pas pensé. Toi, tu n'y as pas pensé non plus. C'est bizarre. On aurait pu y penser. Toi. Ou moi. Pendant qu'il était encore temps. Et que la prescription courait encore.

Après un tout petit temps, il a dit :

— Alors, une chose concrète, matérielle, qui ne prouve rien...

— Oui.

— Je suis témoin, mais je ne suis pas témoin oculaire. J'ai *entendu* des choses, des bruits. Peut-être il y a ça, c'est peut-être une des raisons. Je ne sais pas. Je ne me souviens de rien. C'est peut-être de la pure supposition. Mais c'est peut-être ça. Je ne sais pas. Je me méfie beaucoup des reconstructions a posteriori. Mais c'est peut-être ça. La raison pour laquelle je n'ai pas fait... et n'ai pas même pas pensé que je pouvais témoigner.

— Quand tu as entendu ces bruits, ce lit qui grince, tu savais le problème que j'avais eu avec mon père, tu ne savais pas que ça avait repris, mais tu savais ce qui s'était passé dans ma vie, à treize ans.

— Peut-être je ne l'ai pas vu comme de la même nature justement. En revanche...

— Pas de la même nature... C'est-à-dire ?

— Est-ce que c'est de la même nature ? Est-ce que c'est de la même nature, quand l'acte en question, donc, se produit avec une personne adulte, donc, quelqu'un qui a plus de dix-huit ans ?

— C'est un viol. C'est un viol par ascendant.

— Dans quelle mesure on ne peut pas argumenter ? Accepter ?

— C'est interdit l'inceste, je te rappelle. C'est un tabou. C'est même l'interdit fondamental et universel. C'est comme ça dans le monde entier. Depuis la nuit des temps. Dans toutes les sociétés. Il faut aller chercher les pharaons, mille trois cents ans avant J.-C., pour trouver des exceptions, qui sont censées, en plus, être justifiées par leur statut quasi divin. Et aujourd'hui, en France, c'est un crime.

— Oui, mais est-ce qu'on ne peut pas, tout de même, dans ces cas-là, quand ce sont deux adultes, argumenter ? Parce que la personne a consenti.

— OK. Admettons. Je suis adulte. J'ai trente ans, trente-cinq ans, j'en ai marre de vivre, je veux mourir. J'achète une arme, je te la donne. Je te dis : tiens, moi, j'ai pas le courage de le faire, mais j'en ai assez de cette vie, tue-moi. Tu penses que tu ne seras pas condamné ?

— Si. Ouais... C'est toute l'ambiguïté du mot « consenti ».

— Voilà.

— Alors...

Il a marqué un petit temps, et a repris :

— Moi, mon attitude générale par rapport à tout ça, ç'a été de me dire que mon rôle n'était pas... Que ce n'était pas à moi de... que ce n'était pas à moi de... *faire* les choses. Que, moi, j'accompagnais ce que tu faisais, mais que, je n'avais pas à le suggérer. Ou à l'initier. Je me disais... il faut... Je me disais... Je me suis dit que... Je me suis dit, il faut que la démarche vienne d'elle. Il faut qu'elle le décide, qu'elle le souhaite, et que la démarche vienne d'elle. J'avais la conviction intime que, si je faisais quelque chose en premier, si je disais « on va faire ci, on va faire ça », c'en était fini de la vie entre nous.

— Faire ci faire ça, ç'aurait été tambouriner à la porte, empêcher mon père, et aller à la police. Tu ne voulais pas prendre le risque de faire quelque chose, mais tu as pris celui de ne pas faire quelque chose, et du coup de protéger une situation criminelle.

— Pour moi, il fallait que je sois un pas en arrière. Toi, tu ferais ce que tu pensais devoir faire. Et moi, je ne serais pas dans le jugement. Jamais. C'était ça, moi, ce que je me disais.

— Claude, j'ai été violée par mon père. Quand on se retrouve, toi et moi, après Bruges, j'ai eu le souhait, parce que j'allais mieux, et l'imprudence, la naïveté, de le revoir, et je me suis fait avoir, comme d'habitude. Bon. Donc, après, toi, cette nuit-là, à Nice, tu as entendu ce que tu as entendu. Le lit qui grince, la crise de nerfs, mon père qui part, etc. Je suis très très mal. Je vais te voir, je te dis : ça a recommencé. Tu me dis : Je sais. Je vous ai entendus cette nuit.

Il m'a interrompue, a haussé le ton, et durci la voix :

— Attends. Ce n'est pas comme ça que ça s'est passé tout à fait. Lui, il part. Tu es très mal. Je te dis : je vous ai entendus. Et là, toi, tu me dis : « Salaud. Maintenant tu as un pouvoir sur moi. »

— Oui. Ça voulait dire : Salaud, tu as entendu. Et tu n'es pas monté pour tambouriner à la porte, et appeler la police. Tu ne m'as pas libérée. Tu ne m'as pas sortie de ma prison.

— Prison, prison…

— Quoi prison prison… ? Oui, prison.

— Après Bruges… tu étais allée vers ton père, et moi je…

179

— Pardon ? J'étais allée *vers* mon père ? *Vers* mon père ? Après Bruges, je lui ai écrit une lettre, pour avoir enfin des rapports normaux. Tellement j'étais naïve. Vous ne vous rendez pas compte, de ce que ça fait d'avoir un père qui refuse que vous soyez sa fille. Pour vous, l'inceste, c'est juste un truc sexuel. Vous ne comprenez pas. Vous ne comprenez pas. C'est le pouvoir ultime du patriarcat. C'est le sceptre. L'accessoire par excellence. Le signe, absolu, d'un pouvoir privé qui s'exerce sur un cercle, et qui est respecté au-delà du cercle, par tous ceux qui s'inclinent devant le rapport d'autorité. Je suis chez moi. Je fais ce que je veux. J'ai le droit de ne pas reconnaître la réalité. Je nie ce qui est. J'ai même le droit de ne pas reconnaître ma fille comme ma fille. Je me l'accorde, j'ai le droit de faire ça. Je signe le papier de reconnaissance pour la galerie. Pour les autres. Que je méprise. Je les méprise en douce. Je fais tout en douce. Je me fais plaisir en douce. Je suis au-dessus de la loi, en douce. Parce que j'ai des théories. Pharaon. Comme ça elle sait ce que c'est un homme qui l'aime. Il faut avoir des expériences. Etc. Pour lui, il n'y a pas de loi, il y a des normes. Tous les interdits de la nuit des temps, je les rabaisse au niveau de la morale. Je les traite comme des normes bourgeoises. Il refuse que je sois sa fille. Moi c'était ça qui m'intéressait. C'était ce que je venais chercher. Et que je recherche encore à Nancy. Et je me fais avoir, encore. Puis il vient à Nice. Tu as entendu, et tu as gardé ça pour toi. C'est un savoir que tu as gardé, Claude, pour toi, au lieu de le partager. Avec la police, par exemple.

— Mais alors tu vois, j'étais convaincu que c'était la dernière chose que tu voulais…

— Ça aurait tout changé si tu avais fait ça. Tu imagines ! On serait sûrement restés ensemble.

— Non. Je ne crois pas. Vu l'adolescent, et le jeune homme que j'étais, tu n'aurais pas été attirée par moi.

— Oh si. Bien sûr que si.

Ma gorge se serrait. Il l'a senti. J'avais envie de pleurer. Je me retenais. Ça s'entendait. On était émus tous les deux. J'ai repris le contrôle de ma voix. Je ne voulais pas partir dans des émotions qui nous auraient peut-être emmenés trop loin.

— T'imagines, Claude… T'imagines, si j'étais retournée au commissariat. J'aurais pu dire au commissaire qu'il n'y avait pas besoin d'aller chercher des hôteliers, que mon mari avait entendu, qu'on avait un témoin. Tu aurais pu témoigner. Tu n'y as pas pensé ?

— Non.

— Moi non plus. Moi non plus je n'y ai pas pensé. Ç'aurait été bien. C'est dommage.

On s'est dit au revoir gentiment, puis on a raccroché.

J'étais assise sur le petit fauteuil en skaï. J'avais un bras sur l'accoudoir. Je regardais le mur devant moi. Je ne bougeais pas. Tout d'un coup j'ai dit à voix haute : Pourquoi, moi-même, je n'y ai pas pensé ? Je l'ai répété. Pourquoi, moi-même, je n'y ai pas pensé ? Je l'ai répété. Pourquoi, moi-même, je n'y ai pas pensé ? Je l'ai répété, répété. Répété encore. Pourquoi, moi-même, je n'y ai pas pensé? Je l'ai répété. J'ai crié : Moi-même, pourquoi je n'y ai pas pensé? J'ai pris ma tête entre mes mains. Entre mes doigts, plus exactement. Le bout de mes doigts froids. Mon visage ruisselait de larmes. Je me suis levée. Je suis sortie de la pièce. Je n'étais pas seule dans l'appartement. Je vivais avec Charly. Depuis quinze ans.

Il était dans le salon.

— Avec qui tu parlais?

— Avec Claude. J'avais des questions à lui poser.

— Il t'a répondu?

— Oui.

J'ai continué à aller rue Cardinet après la visite au commissariat. Je m'accrochais à l'avantage matériel que représentait l'appartement. Je le voyais comme une forme de réparation, et de substitut des dommages et intérêts que je n'aurais jamais. Je réservais mes dates. J'avais mes clés. Je venais d'arriver. Mon père m'a téléphoné pour me dire qu'Antoine et sa copine prenaient un avion le lendemain à Roissy, qu'ils étaient dans le train pour Paris, et souhaitaient dormir dans l'appartement le soir.

— Ils vont venir, là ?

— Ils arrivent dans deux heures. Eux, ça les arrangerait. Si ça t'ennuie, tant pis pour eux. Antoine n'avait qu'à mieux s'organiser.

On a parlé debout dans le couloir. Leurs valises à leurs pieds.

— Demain matin, on part tôt. Là, on va sortir dîner. Tu ne nous verras pas.

— Oui, comme ça, ça paraît simple.

— Ça ne l'est pas ?

183

— Non. Ça ne l'est pas. Il y a des choses que tu ne sais pas, que je ne peux pas t'expliquer maintenant, qui font qu'on ne peut pas dormir sous le même toit comme si de rien n'était. Ici, moins qu'ailleurs. Tout ce que je peux te dire, c'est qu'un jour tu comprendras.

Il avait des amis à Nice. Il est venu chez eux pour quelques jours. On devait se voir. Il m'avait téléphoné. La date et l'heure étaient fixées.

Je tournais dans l'appartement affolée. On a sonné à l'interphone. J'ai paniqué. Claude m'a regardée :

— Qu'est-ce qu'on fait ?

— Je peux pas.

— Viens lui dire à l'interphone.

— On n'a qu'à faire comme si on n'était pas là.

Antoine appuyait comme un fou sur la sonnette. Quelqu'un a dû lui ouvrir. Il est monté. Il a tambouriné à la porte.

— Ouvrez-moi ! Allez, ouvrez-moi ! Je sais que vous êtes là. Arrêtez de vous cacher. Je vous ai vus à la fenêtre. C'est dégueulasse ce que vous faites.

Une lettre est arrivée de Strasbourg quelques jours plus tard. Il parlait de mon impolitesse, de sa déception et de sa colère.

Mon premier roman allait être publié le 23 janvier. J'ai annoncé la nouvelle à mon père. Il était fier et heureux. Il m'a réservé la rue Cardinet du 23 au 30.

— Tu sais, j'ai commencé à parler de toi, ici, au Conseil.

184

Les librairies de l'Est ont été livrées avec retard. Il était impatient. Il allait à la Fnac tous les jours. Il m'appelait souvent. Il voulait savoir où c'en était.

— Tu veux que je t'en envoie un exemplaire ?

— Non, ça me fait plaisir de l'acheter.

J'étais invitée à une émission de radio, l'enregistrement a été reporté, je l'ai rappelé pour modifier les dates.

— Ce n'est pas possible.

— Et la semaine d'après ?

— Ce n'est pas possible non plus.

— Pourquoi ?

— Ce n'est plus possible.

— Il y a des travaux ?

— Non.

— Ce serait possible quand ?

— Ce n'est plus possible.

— Tu as lu mon livre ?

— Oui. C'est très bien.

Il a raccroché.

La question d'avoir un enfant s'est reposée après la publication. J'ai accouché à Nice, à la clinique Mozart :

— Allez… Allez… Allez… madame. Faites comme quand vous allez aux toilettes… Allez-y, poussez. Allez, plus que ça, madame, c'est pas assez ça… Allez-y. Poussez, madame. Allez-y… Allez madame, ouvrez. Ouvrez, ouvrez. Comme quand vous allez aux toilettes. Non, là vous fermez.

Une sage-femme a dit à une autre :

— C'est bizarre. On dirait qu'elle a le réflexe inversé.

— Oui. Elle ferme au lieu d'ouvrir.

— Ouvrez, ouvrez. Non madame, là vous retenez. Vous ne poussez pas, là, vous retenez. Poussez poussez poussez poussez...

— Elle ne pousse pas, elle retient.

— Relâchez. Relâchez-vous. Voilà, respirez. Détendez-vous un peu. Détendez-vous, madame. Ça va aller. Ne soyez pas crispée. Vous êtes trop crispée là, madame. Détendez-vous. Allez. On reprend.

La tête du bébé est apparue entre mes jambes. Le médecin a dit :

— C'est un petit brun. Ou une petite brune.

À l'échographie, j'avais demandé qu'on ne me dise pas si c'était un garçon ou une fille.

J'ai entendu :

— C'est une petite fille.

J'ai éprouvé un bonheur dont l'intensité dépassait de loin ce que j'avais imaginé. La sage-femme l'a posée au creux de mon épaule. Je portais un T-shirt blanc. Mon visage était tourné vers elle. Je l'ai caressée, et je l'ai embrassée.

Claude a obtenu un poste à l'université de Montpellier. On a emménagé dans un grand appartement. Notre chambre donnait sur la cour. Celle de Léonore sur la rue. Je caressais sa porte. Je respirais son couffin. Je la changeais en lui parlant et en l'embrassant. Je passais une lingette sur sa peau, sur ses fesses, la fente de l'anus, les replis du sexe. J'ai eu un flash : « Mon père ne m'a jamais aimée. Faire du mal à des êtres qu'on aime tellement ? Prendre des risques pour leur avenir ? Pour leur vie amoureuse future ? »

J'avais des problèmes de sommeil et de nourriture. Ça recommençait. J'ai pris rendez-vous avec un médecin. En fin de consultation, je lui ai dit :

— Vous auriez un psychanalyste à me recommander ?

— Ça dépend de ce que vous recherchez, j'en connais plein.

— J'ai fait un an et demi d'analyse, il y a dix ans, là, j'éprouve le besoin de reprendre. Peut-être parce que je viens d'avoir une petite fille.

— Comment ça se passe avec elle ?

— C'est merveilleux. C'est magnifique. C'est… Je suis très heureuse. Mais parfois, je suis un peu… perdue. Tellement c'est fort. Justement. Et je retrouve des problèmes que je n'avais pas eus depuis longtemps, d'insomnie, de nourriture, et j'ai des pensées, des réactions, que je voudrais pouvoir exprimer. Des inquiétudes. Je me ferme, parfois. Même dans ma sexualité. Comme j'ai vécu un inceste avec mon père, c'est comme si je me verrouillais. Comme quand j'ai accouché. Tout ce qui se passe à cet endroit-là de mon corps, en fait, me fait peur. Il m'a sodomisée, donc je pense que j'ai un réflexe inversé, de fermeture. Au lieu d'ouvrir, je retiens.

— Si vous retenez au lieu d'ouvrir, c'est que vous voulez le garder en vous. Si j'ose dire.

— Je ne crois pas non.

— Vous ne croyez pas, peut-être, c'est pourtant ce qui se passe, madame. C'est vous qui me le décrivez comme ça. Ce n'est pas moi. Vous dites que vous retenez. C'est que vous voulez le garder en vous.

— Je vous dis non.

— Je vais vous donner l'adresse d'un confrère, à quelques rues d'ici... Vous connaissez la rue de l'Ancien-Courrier ?

J'ai publié un deuxième livre. Il était question d'une mère et de sa fille. La mère avait vécu un inceste. Une journaliste a demandé à mon éditeur si c'était mon cas, et si j'accepterais d'en parler à son journal. L'éditeur m'a appelée :

— On n'a aucune presse. Personne ne parle du livre. Les ventes ne décollent pas. On en a vendu soixante. Alors, je comprends que ce ne soit pas l'idéal, mais Isabelle Lefranc, c'est quand même la responsable des pages Livres de *Marie Claire*.

— On n'a que ça ? On n'a rien d'autre ?

— Rien.

— Elle, ce qu'elle veut, c'est un témoignage. Je ne fais pas de la littérature de témoignage. Ils vont me réduire à ça. C'est dangereux pour moi. Je veux pas devenir de la chair à canon pour les journaux. J'ai pas envie de finir dans les pages société des magazines...

— Écoutez, moi, j'ai fait un deal avec elle. Elle s'est engagée, si vous acceptez, à parler aussi du livre et de littérature.

Elle habitait dans le cinquième, et enregistrait sur cassettes.

— … Et du point de vue, sans être trop intime, mais nous parlons de choses tellement intimes, en même temps, du point de vue sexuel, n'était-ce que désagréable ? Ou y avait-il un mélange ?

— La question du plaisir, vous voulez dire ?

— Oui.

— Est-ce qu'on demande à un enfant battu s'il a eu mal ? Pourquoi demande-t-on à un enfant violé s'il a eu du plaisir ? Un enfant battu est humilié par les coups, un enfant violé par les caresses. Ce sont des stratégies d'humiliation dans les deux cas. L'inceste est un déni de filiation, qui passe par l'asservissement de l'enfant à la satisfaction sexuelle du père. Ou d'un personnage puissant de la famille. Savoir qu'il est asservi, humilié, déclassé, que sa vie est foutue, et son avenir en danger, quel plaisir un enfant peut éprouver à ça ?

— La semaine dernière, il y avait une émission à la télévision, je ne sais pas si vous l'avez regardée…

— De Jean-Luc Delarue. Oui, en partie.

— Plusieurs victimes reconnaissaient avoir éprouvé du plaisir…

— Ah ben… il faut bien participer un peu au bla bla, et à la vulgarité ordinaire, de la plupart des conversations sexuelles, surtout à la télé, sur le mode « on va pas se mentir », « il faut dire ce qui est », et compagnie. Ces victimes, alors qu'elles sont vues comme des pestiférées, vous croyez qu'elles avaient envie d'ajouter cette honte-là à leur palmarès ?

Elles pouvaient faire autrement, vous pensez, dans leur situation, que d'essayer d'avoir l'air cool, avec la sexualité, comme tout le monde, comme celui qui les interrogeait, les gens qui regardent, etc. Pour se sentir un peu intégrées. C'est la question qui est obscène. Ça m'a révoltée. L'inceste est une mise en esclavage. Ça détricote les rapports sociaux, le langage, la pensée... vous ne savez plus qui vous êtes, lui, c'est qui, c'est votre père, votre compagnon, votre amant, celui de votre mère, le père de votre sœur ? L'inceste s'attaque aux premiers mots du bébé qui apprend à se situer, papa, maman, et détruit toute la vérité du vocabulaire dans la foulée.

— Vous dites, dans votre roman, que vous ne vouliez pas qu'il vous déflore, il vous a déflorée autrement, cependant, on le voit dans le livre, on le voit bien. Et ça, en plus, c'est d'une violence physique, en plus. Qu'est-ce qu'on ressent ? On se sent sale, dans ces moments-là ?

— Ce n'est pas un problème de saleté, ni de souillure. C'est un bannissement, l'inceste. C'est un déclassement à l'intérieur de la famille, qui se décline ensuite dans la société, avec une même logique qui se répand.

— Depuis combien de temps ne le voyez-vous plus ?

— La dernière fois, j'avais vingt-huit ans. J'en ai trente-cinq.

— Êtes-vous retournée dans l'Est, sa région ?

— Je ne peux pas, pour l'instant. C'est un lieu trop hostile pour moi.

Je suis rentrée à Montpellier le soir. Je me sentais salie. J'avais l'impression que mon livre avait été piétiné. J'ai pleuré toute la soirée sur le canapé du salon, dans un grand gilet gris, qui m'arrivait à mi-cuisse.

La journaliste m'a téléphoné le lendemain :

— J'ai décrypté l'entretien, c'est extraordinaire.

— Vraiment ?

— Il est formidable. Ma rédactrice en chef est ravie. Les jeunes femmes qui ont vécu ça n'ont pas le niveau que vous avez, d'habitude, et c'est ce qui est passionnant dans votre témoignage. Il y a un problème, tout de même, auquel je n'avais pas pensé, et que ma rédactrice en chef a vu tout de suite. Vous portez le nom de votre père ?

— Oui.

— Il a été condamné par la justice ?

— Non.

— Voilà, alors nous, au journal, on risque d'avoir un procès, donc on ne peut pas le publier avec votre nom.

— Ah bon ?

— Mais moi j'ai quand même une proposition à vous faire. Ce serait de publier l'entretien sous un pseudonyme, ou une périphrase, du genre « la jeune femme » ou quelque chose comme ça. Et, moi, parallèlement, comme je n'ai encore rien écrit sur votre roman, je pourrais faire un papier dans les pages Livres. Une bonne critique, évidemment. Qu'est-ce que vous en pensez ?

— Je ne sais pas. Je trouve ça un peu dur, quand même, que ça paraisse sans mon nom. Non... Je ne vais pas accepter.

— C'est dommage.

— Si vous ne publiez pas l'interview avec un pseudonyme, je suppose qu'il n'y aura pas non plus la critique de mon livre dans le journal. Du coup.

— Ben non.

— Donc il ne me restera aucune trace du moment qu'on a passé ensemble. C'était très important pour moi, ce moment. Je voulais vous le dire. Éventuellement, vous accepteriez de m'envoyer les cassettes, pour qu'il me reste une trace ?

— Bien sûr.

J'ai retranscrit ses questions, le ton, le rythme, les mots, pour démontrer qu'on ne peut pas parler à ces gens-là d'égal à égal, qu'on est sommés de leur répondre comme à des confidents, ils ne savent pas écouter, ils font semblant, ils intègrent vos paroles au discours général, donc, peu importe votre nom, pas besoin d'inventer une forme, vous êtes obligé d'utiliser celle qui existe, le témoignage, et vous êtes mis au service d'un discours indifférencié, qui conduit à l'indifférence. Eux, pendant ce temps-là, continuent de jouir de la pitié qu'ils éprouvent depuis leur position surélevée. J'ai écrit un roman sur le sujet, qui a été refusé par mon éditeur, et je me suis mise à la recherche d'une nouvelle maison d'édition.

Quelques mois plus tard, Claude et moi étions nus l'un contre l'autre, il a disparu sous les draps et a dit d'un ton ferme :

— Desserre les cuisses.

— Regarde-moi. Tu m'aimes ?

— Desserre. Tu es trop contractée là. C'est logique que tu aies mal, si tu te contractes comme ça.

— Dis-moi si tu m'aimes.

— Bien sûr. Et toi, tu m'aimes ?

— Oui, mais j'aimerais te rendre plus heureux.

— C'est peut-être moi qui ne sais pas te rendre plus heureuse.

Il a mis la joue sur ma cuisse, une main sous mes fesses, l'autre sur mon ventre, je touchais ses doigts longs et fins. Il a desserré mes jambes, et m'a fait jouir avec sa bouche. Il a embrassé mes cheveux et mon visage, la bouche humide, puis m'a pénétrée avec son sexe, en caressant mon clitoris avec la paume de la main. J'ai joui. Sur un ton de commandement, qui m'a aidée, parce que je n'avais plus de questions à me poser, il a dit :

— Suce-moi.

Je voulais tenir le temps qu'il faudrait. J'espérais que ça viendrait vite. J'avais l'intention d'aller jusqu'au bout. J'avais un peu mal au cou. Je tenais. Une image est arrivée, et s'est incrustée dans ma tête. Je n'ai pas réussi à la chasser. Elle était accompagnée d'un souvenir. Avec mon père, quand j'étais dans cette position, il n'était pas question de ne pas tenir, pas question qu'il sente les dents. J'étais avec Claude, et j'avais ça dans la tête. Je tenais. J'ai pensé que ce n'était pas grave, que je devais continuer. Parce qu'il n'avait pas à subir les conséquences de ce qu'avait fait ce type, qui serait bientôt mort en plus. Je passais ma langue autour du sexe. Puis dessus. Doucement. Claude gémissait de plaisir. J'étais en colère contre moi-même

d'espérer que ça allait vite se terminer au lieu d'appré-
cier. J'ai bu une petite goutte de sperme qui perlait.
Je me suis arrêtée une seconde pour me reposer. J'ai
repris. J'avais mal au cou. Je suis restée sur le côté
un instant, la joue contre sa cuisse. J'ai recommencé.
J'ai refait une petite pause. Ma nuque était doulou-
reuse. J'ai remonté vers son nombril, j'ai léché le
creux. Respiré son odeur. Je suis redescendue vers son
sexe, j'ai recommencé.

— Arrête. C'est pas grave.

— Pourquoi ? T'as pas joui.

— C'est pas grave. Allez arrête. Tu te forces. Je le
sens. T'es pas bien, ça se sent. Tu as mal à la nuque,
tu as mal au bras, bref, on arrête.

— C'est pas de ma faute si j'ai des crampes à la
nuque. Je peux continuer quand même. C'est rien.
C'est supportable.

— C'est pas grave je te dis. T'es pas bien, et pour
moi c'est pas agréable. On le fera à un autre moment.
Viens dans mes bras.

— On a perdu une heure à ne pas dormir pour
aucun résultat, si j'avais réussi à te faire jouir, ça
m'aurait fait du bien. Mais là… Je suis désolée Claude.
J'aimerais tellement t'apporter autre chose que ce que
je t'apporte.

On était imbriqués comme deux cuillères dans une
boîte, la couette remontée sur les épaules, je serrais sa
main dans la mienne. Il m'a pénétrée dans cette position, et a joui.

J'avais rendez-vous avec une amie. Je suis allée
prendre ma douche. Dans le miroir de la salle de

bains, je me voyais. J'avais envie de couper mes seins ou de les gifler. J'ai giflé mon visage en me disant que j'étais une pauvre fille.

Ce que je ressentais, sur le plan sexuel, physique, amoureux, je ne l'écrivais pas. J'avais peur que Claude ne le supporte pas, et de perdre la seule personne qui acceptait de vivre avec moi.

J'ai passé l'après-midi avec mon amie. Je suis rentrée, Claude m'a dit :

— J'ai téléphoné à Astrid.

— Quand ?

— Tout à l'heure.

— Tu l'as appelée pourquoi ?

— Comme ça. J'ai eu une impulsion. Je me suis enfermé dans la chambre, je me suis dit « je vais appeler cette femme ». Et je l'ai fait.

— Comment tu as eu cette impulsion ? C'est parti de quoi ?

— Il y avait un côté… comment dire ? Pas vengeance… Je ne pense pas que ce soit de l'ordre de la vengeance… C'est… voyons. C'est pas… Non c'est…

Il regardait dehors, comme pour y trouver ses mots. Il s'est remis de face :

— Toi, il t'est arrivé ça. C'est super-dur. Alors c'est plutôt… Pas vengeance, non. Pas réparation, non plus. Quelque chose comme… en anglais on dirait « *get some retribution for it* ». Ça a un sens en français « rétribution » ?

— Compensation ? Répartition ?

195

— Peut-être. « Putain, mais toi aussi », quelque chose comme ça. « Putain, je suis le seul à morfler », alors non, il n'y a pas de raison. Elle, par rapport à ton père, elle est comme moi par rapport à toi. On est sur un plan d'égalité, elle et moi. Par rapport à lui et toi. J'avais envie de la mettre sur le même plan que moi, et d'avoir une conversation avec elle. Il n'y a pas de raison qu'elle n'ait pas sa part elle aussi. Elle doit morfler. Au nom de quoi elle irait bien ?

— Vous avez parlé longtemps ?

— Deux heures. C'était long, mais c'était facile. C'était évident. J'étais pas dans la colère. C'était pas du tout ça. C'était juste : Faut que tu saches quelque chose. Je l'imaginais, elle, de l'autre côté de son téléphone. Je ne l'ai vue qu'une fois, mais je m'en souviens. Avec sa silhouette, sportive, tonique, blonde, sa pointe d'accent. On était d'égal à égal, alors qu'avec ton père, j'ai jamais été d'égal à égal, sur aucun plan. Là, je ne me suis pas senti infériorisé, à aucun titre. Je lui ai dit : « T'es peut-être au courant… Je ne sais pas si tu sais… En tout cas moi je vais te le dire. » Et je lui ai dit. Elle me répond : « Ça ne me surprend pas. Je m'en doutais. »

— Ma demi-sœur a dû lui dire. Je lui en avais parlé quand elle est venue à Nice.

— Oui, d'ailleurs elle a ajouté : Christine aurait pu éviter de raconter ça à Loulou qui n'avait que vingt ans. Moi, en tout cas, pendant toute la conversation, je peux te dire, j'ai ressenti une espèce de jubilation. D'excitation. Même maintenant. Je jubile. Là, je jubile. Je lui ai dit ce que j'avais à lui dire. Elle ne peut plus l'ignorer. Elle le sait. J'ai certainement confirmé ce qu'elle savait déjà par Loulou.

— Oui, mais comme c'est la même source, c'est-à-dire moi, elle peut se raconter que je mens.

— Elle n'avait pas l'air.

— Tant mieux.

— En tout cas, moi, je suis vraiment satisfait. Ça me plaît d'avoir fait ça.

— Elle avait quelle attitude ?

— « Ben oui, je ne suis pas surprise ». C'était ça son attitude. Je n'ai pas entendu quelqu'un qui jette le téléphone par la fenêtre. Au contraire.

— Elle n'a pas faibli ? Elle n'a pas pleuré ?

— Non.

— Et toi, là, maintenant ?

— Quoi ?

— T'as envie d'aller à Strasbourg la gifler ?

— Pas du tout. Moi, la violence que je veux infliger, pour faire mal à quelqu'un, c'est : le dire, l'avoir dit. Informer, mettre au courant.

— Tu espères quoi quand tu fais ça ?

— J'espère foutre la merde. Dans leur couple. Dans leur vie, à ces gens-là. Leur fin de vie. Enfin... Le seul problème, c'est que... ça risque de ne pas être aussi fort que je l'espérais. Au bout de la conversation, elle me fait : « Moi aussi, Claude, j'ai quelque chose à t'apprendre : Pierre a un Alzheimer. »

— Lui qui avait tellement de mémoire, et qui en était tellement fier. À quel stade, tu sais ?

— Pas exactement. Elle m'a donné un exemple : il mange du savon.

— Pas mal.

— Ça me fait chier qu'il ait un Alzheimer.

— Pourquoi ?

— Lui, il est parti dans l'oubli. Il n'y a pas de règlement de comptes, pas de souffrance possible entre eux. Elle ne va pas lui dire : « Dis-moi, Pierre, je viens d'avoir le mari de ta fille au téléphone, qu'est-ce que c'est que cette histoire ? » Donc, moi, là, je suis frustré. Et elle, elle marque un point. Tiens, prends ça, comme quand elle joue au tennis. Du coup, elle me coupe mon effet.

— Et le ton ? C'est quoi le ton ?

— C'est le ton de Chabrol. C'est le ton de la bourgeoisie qui encaisse tout. Bon. Merci. Le contrôle de classe. Aux autres, l'émotion, la colère. Eux, ils minimisent. Pas un mot plus haut que l'autre. Entendu. J'ai pris bonne note. C'est ça le ton. Maintenant, à moi de te dire des nouvelles. Pierre a un Alzheimer. Je sais même plus comment la conversation s'est terminée, d'ailleurs.

— À aucun moment elle n'a dit : « Stop, c'est horrible, maintenant ça suffit, qu'est-ce qu'on peut faire ? »

— Non. Elle maîtrisait. Et elle a pu sortir de sa manche un atout, avec son Alzheimer, qui minimisait ma révélation. Elle a eu ça pour elle. Mais moi, en tout cas, je l'ai obligée à partager sa révélation avec quelqu'un qui est dans l'autre camp. C'est déjà ça. Je n'étais pas en colère. Je me sentais fort pour faire un numéro comme celui-là. Je pense que, ça, ça fait partie des moments où je deviens un peu plus adulte.

Un ou deux ans plus tard, en fin d'après-midi, au début du printemps, il est rentré de la fac, le visage grave.

— Il faut que je te parle.

On s'est assis chacun sur un canapé, aux deux angles opposés.

— Je suis perdu.

— C'est-à-dire ?

— Il faut que je me retrouve. Il faut que je prenne du recul. Je ne sais plus où j'en suis. Je ne sais même plus ce que je pense de toi. Il faut que je m'éloigne. Avec toi qui n'arrêtes pas de te poser des questions sur ton corps, je ne suis pas belle, je me trouve moche. Après dix-sept ans de vie commune, je ne sais plus où j'en suis avec toi. Je ne sais même plus si je t'aime. Je sais que tu me plais, mais ça manque d'évidence. Peut-être que je ne t'aime plus. Peut-être que je serais mieux seul. Ou avec quelqu'un d'autre. Avec qui j'aurais une vie plus satisfaisante, notamment sur le plan sexuel. Depuis quelque temps, je suis moins bien avec toi. Que seul, ou avec d'autres.

— Et Léonore, qu'est-ce que tu en fais ?

— Je m'en occuperai autant qu'avant. Je serai là.

— Je te préviens, c'est pas moi qui vais lui dire que tu t'en vas.

— Je vais lui parler.

— Tu t'en vas longtemps ?

— Quelque temps. Ou pour toujours. Je ne sais pas.

— Comment je vais faire, moi ?

— Tu vas y arriver. Je t'aiderai.

— Je vais mourir. Je sais pas vivre sans toi.

— Je ne te laisserai jamais tomber. Sur aucun plan. Je t'aiderai, financièrement aussi.

— Je ne peux pas vivre seule.

— Je vais y aller, là.

— Maintenant ?

— J'ai loué une chambre.

— Ne pars pas.

— Je reviens demain matin. On parlera.

Il s'est levé.

Dans l'entrée, il a posé la main sur la poignée de la porte.

— Fais pas ça.

Je me suis agrippée à lui, à ses vêtements. J'étais en larmes.

— Enlève tes mains. Laisse-moi partir. Ne t'inquiète pas. Mon intention, c'est de revenir. Si je peux, je reviendrai. Ça va aller. Je t'appelle demain. J'espère qu'on reprendra notre vie. Il faut que je me retrouve avant. Je fais ça pour que ça aille mieux. Il faut que je prenne du recul. Je ne peux pas continuer comme ça. Je t'assure. Laisse-moi partir.

J'ai eu une histoire avec un prof de lettres. On se voyait chez moi. Je mettais les draps tachés de sperme dans la machine. J'étais capable de la faire fonctionner. Je m'occupais de Léonore. J'avais minci. Je me prenais en charge. J'avais repris une analyse. Claude a voulu revenir. Je n'ai pas voulu. J'étais en contact avec une avocate. Les aspects matériels étaient en train de se régler.

J'ai rencontré une femme. Elle s'appelait Victoire, parce que son père avait été élu député le jour de sa naissance. Elle portait ce prénom avec une distance désabusée qui marquait la conscience qu'elle avait d'appartenir à une classe sociale élevée et le mépris que lui inspirait son milieu.

Le jour de la rupture, on a dîné chez elle.

— Je peux allumer cette lampe ?

Une lampe chinoise était posée à l'intersection de deux fauteuils.

— Bien sûr. Assieds-toi.

— Je vais y aller. On ne va pas refaire la conversation du dîner, de toute façon.

— Non.

Les premiers boutons de sa chemise étaient ouverts. J'ai pressé ses seins dans mes mains, j'ai senti leur élasticité, et posé ma paume à plat sur son décolleté.

— Tu m'appelles un taxi ?

Elle a refermé les boutons de sa chemise et attrapé le téléphone sur une étagère.

— Il sera là dans cinq minutes.

Elle me fixait à travers la vitre du taxi dans lequel je venais de monter. La voiture a démarré. J'ai tourné la tête vers le pare-brise en pensant : Voilà. Ça doit être comme ça être un homme. On doit avoir une impression d'indépendance, d'indifférence, de liberté, et se dire qu'il y a forcément quelque chose devant soi, qui vous attend.

J'ai eu une relation avec un journaliste. Il habitait Paris. On était dans sa chambre. Il me regardait avec un sourire ambigu, en faisant glisser la ceinture hors des passants de son pantalon, il l'a enroulée autour de son poignet comme s'il s'apprêtait à me frapper. J'étais effrayée et excitée à la fois. Je me suis mise à pleurer. Il a éclaté de rire en lâchant la ceinture.

— Tourne-toi.

Il donnait des grandes claques sur mes fesses, avec le plat de la main. J'ai pensé que, même sous forme de jeu, la soumission, ce n'était pas pour moi, et que, l'ayant vécue réellement, je n'étais pas capable de distinguer le jeu sexuel de la réalité.

Le temps passait. J'avais l'impression que la malé-
diction qui pesait sur ma vie amoureuse ne serait
jamais déjouée.

Claude venait chercher Léonore à la maison et la
ramenait. Un dimanche soir, il s'est approché de moi,
les yeux humides, et m'a prise dans ses bras :

— Je t'aime.

— Moi aussi.

— Je suis malheureux. Tu me manques. Tu sais
ce que je me dis, des fois… pour me consoler ?

— Non.

— Je me dis que peut-être un jour, quand on sera
très vieux, on se retrouvera.

Les éditions Stock étaient situées rue Cassette, dans un hôtel particulier qui en occupait le numéro 27. J'avais rendez-vous avec mon éditeur. Je venais de sortir un livre qui s'appelait *L'Inceste*. J'ai traversé la cour semée de petits cailloux, le perron à l'angle du bâtiment, j'ai poussé la porte en fer forgé :

— Bonjour Margaret.

Elle m'a tendu un papier, sur lequel était inscrit un numéro de téléphone.

— C'est quelqu'un qui a appelé plusieurs fois. Et qui dit qu'il est ton frère.

Elle m'a installée dans un petit bureau qui donnait sur la cour. Le téléphone était le seul objet de la pièce.

— Allô. C'est Christine.

— Excuse-moi d'avoir appelé chez ton éditeur. Je n'avais pas ton numéro à Montpellier.

— Tu as bien fait.

— Notre père est mort.

— Ça s'est passé quand ?

— Ce matin à cinq heures. L'enterrement aura lieu vendredi. Si tu veux venir…

— Merci de me proposer.

— C'est normal. Essaye de venir. Ce serait bien. Ça nous donnerait l'occasion de nous voir. On ne s'est jamais vraiment parlé.

— Tu penses que c'est possible ?

— Bien sûr.

— Tu sais, il s'est quand même passé des choses très graves, avec mon père.

— Toi, tu dis ça. Lui, il a toujours dit que tu fabulais.

— On ne pourra pas se revoir, Antoine, si tu penses ça.

Je ne suis pas allée à l'enterrement. Je n'ai pas eu le courage d'y aller seule. Je n'ai trouvé personne pour m'accompagner.

Contrairement à ce que j'avais imaginé, le décès de mon père m'a rendue triste. L'amour que j'avais eu pour lui était éteint. Le souvenir de ce que j'avais ressenti au tout début de la rencontre, entre Strasbourg et Gérardmer, ne l'était pas. J'avais encore des lambeaux de rêves dans la mémoire.

Quelques mois plus tard, une somme est arrivée sur mon compte. J'ai pensé qu'il s'agissait de ma part dans la succession, qu'elle était faible rapportée au patrimoine de mon père et que j'avais peut-être été arnaquée, par un système de donation, de facilité frontalière, ou autre.

J'ai reçu un courrier du notaire, accompagné du décompte, qui confirmait que la somme correspondait à ma part. Il contenait des documents, au sujet d'un immeuble à Laval, que je devais signer, parapher et renvoyer, pour certifier que je renonçais à ma propriété sur ce bien, en échange d'un montant inclus dans le versement.

J'ai signé, paraphé, et renvoyé le document.

Quelques années plus tard, une lettre recommandée m'a informée que la famille souhaitait vendre l'immeuble de Laval, et que la vente était bloquée. J'avais oublié de parapher la page qui concernait la cave. Le notaire m'adressait l'original. Je devais le lui renvoyer après avoir inscrit mes initiales en bas à droite.

J'ai préféré conserver le minuscule pouvoir qui me restait, sous forme de capacité de nuisance.

J'ai appris plus tard que l'immeuble avait été vendu, malgré l'absence de paraphe sur la page concernant la cave.

Je me suis installée à Paris l'année qui a suivi la mort de mon père. J'ai vécu seule avec Léonore jusqu'à ma rencontre avec Charly. Il y a quelques années, il est entré dans mon bureau, avec son ordinateur ouvert à la main, et l'a posé sur ma table :

— T'as un message sur Facebook. C'est quelqu'un de Strasbourg.

— Un homme, une femme ?

— Une femme.

— C'est ma sœur ?

— Je pense pas.

« J'ai bien connu la famille Angot, ainsi que tout le milieu intellectuel de la ville. Il y aurait un roman à écrire, d'après les informations que je pourrais vous donner. Astrid Angot est arrivée dans la famille Colet comme fille au pair. M. Colet s'étant retrouvé veuf très jeune, il voulait une baby-sitter allemande, pour que sa fille parle allemand, car la femme de ce monsieur était allemande. Elle était de la famille Krupp, qui fabriquait les chars, et tout le matériel militaire de

209

l'armée allemande pendant la guerre. Il avaient beaucoup d'ennemis. Mais, en tout cas, ces gens-là, les amis de votre père, étaient à cent lieues d'imaginer qu'il avait eu une autre femme et un enfant. J'appartiens moi-même à une famille connue de Strasbourg. Astrid était une amie proche de ma mère. Elle se confiait à elle. Elle lui avait demandé conseil, parce que Pierre Angot l'incitait à avoir des amants.

Moi, ce monsieur, je l'ai connu personnellement. Parce que j'ai joué là-bas. Je connais aussi les deux autres enfants. On a joué ensemble souvent.

Je les voyais, à l'Orangerie, lui et sa femme, quand il était encore vivant, et que moi j'y allais avec mes enfants qui étaient petits. Lui, il avait l'Alzheimer. Il était très malade. Il ne reconnaissait plus personne. Mais ma mère m'a dit que, même avant, il avait des attitudes extrêmement désagréables. Il paraîtrait, d'après les gens qui connaissaient votre père, qu'au Conseil de l'Europe on ne l'appréciait guère, car il était très méprisant avec ses collaborateurs.

Parfois, j'aperçois Antoine. Loulou a épousé un monsieur, architecte, qui a pignon sur rue. Tout ça, ce sont des informations personnelles, que je vous donne, parce que ce sont des gens que j'ai connus, que j'ai été bercée dans ce milieu, et que ça pourrait vous donner des idées pour écrire un livre sur l'origine d'Astrid, sur comment cette femme est arrivée à Strasbourg. Après, vous pouvez broder autour. »

Dans la nuit qui a suivi, j'ai fait un rêve, dont il ne m'est resté presqu'aucune image. Au réveil, allongée dans mon lit, j'ai cherché dans ma mémoire à qui appartenait la bouche aux lèvres sinueuses, dont j'avais reçu les baisers dans le rêve, elle me faisait penser à celle de quelqu'un que j'avais connu dans la réalité. J'étais partagée entre le désir et la crainte de savoir de qui il s'agissait.

J'ai été invitée par le TNS. Le Théâtre National de Strasbourg. Ils avaient accueilli pour quinze représentations une pièce que j'avais écrite, et me proposaient une rencontre avec le public. Au premier rang, une jeune femme a levé la main :

— Est-ce que, vous-même, vous avez vécu ce dont parle la pièce ?

— D'après vous ? Qu'est-ce que vous en pensez ?

— D'après moi, oui

— Ce qu'a vécu la jeune fille de la pièce, oui, je l'ai vécu… Enfin… Vivre… Vivre les choses… Est-ce qu'on les vit ? Est-ce qu'on est là ? On est là. On aimerait mieux ne pas y être. Mais on y est. Ce n'est pas vivre vraiment. Ce n'est pas des choses qu'on vit. Pas vraiment. On y assiste. On regarde. Tiens, il se passe ça.

La rencontre a été suivie d'une séance de dédicaces. J'ai regardé s'il n'y avait pas mon demi-frère ou ma demi-sœur au fond de la salle. L'après-midi, dans la ville, je n'avais pas pu m'empêcher non plus de me demander si je ne croisais pas, par hasard, un adulte qui aurait pu être l'un des deux en imaginant leur physique transformé par les années.

Après les dédicaces, l'équipe du spectacle m'attendait dans un restaurant. Je les ai rejoints.

Le lendemain, dans le train qui me ramenait à Paris, j'ai repensé à ce dîner. Fin de journée. Fin de soirée. Atmosphère légère. Les acteurs me racontaient comment les représentations s'étaient déroulées à Strasbourg. Les spectateurs qui les attendaient après le spectacle. Certains avaient connu mon père. Des femmes avaient travaillé avec lui au Conseil de l'Europe. Après avoir échangé un regard avec une autre, une des actrices a hésité, et m'a souri :

— Plusieurs personnes nous ont dit que ton père était un homme très séduisant…

Je me suis sentie seule. Au milieu d'eux. Seule. Et trahie. J'ai pensé qu'il fallait avoir subi l'esclavage sous une forme ou sous une autre, avoir été asservi, pour comprendre ce qu'était l'inceste. Et que, quand le père démontrait, par cet acte, qu'il ne considérait pas sa fille comme sa fille, mais comme autre chose, qui n'avait pas de nom, toute la société le suivait, prenait le relais, confirmait. Ça pouvait être un journaliste, qui écrivait à propos d'un de vos livres, « On avait Mme du Deffand, on a maintenant Mme du Derrière ». Un autre, « Il faudra songer à créer un comité de défense du trou de Christine ». Ça pouvait être un animateur télé, qui ricanait, en lisant à haute voix un passage, dans lequel la narratrice, qui portait votre prénom, essayait d'attraper avec la bouche des quartiers de clémentine sur le sexe de son père assis sur la lunette des toilettes. Ça pouvait être une femme, parmi les invités, qui riait à gorge déployée parce qu'elle s'appelait Clémentine. Ou un autre animateur, qui prenait une mine de circonstance, dans une émission de débat, et demandait aux victimes d'inceste, qui témoignaient sur son plateau, si elles avaient eu du plaisir pendant les actes. Et ça pouvait être aussi les acteurs, qui venaient de défendre votre texte sur scène, qui vous faisaient partager le point de vue de spectateurs ayant connu votre père et le trouvant séduisant, qui posaient sur vous un œil brillant et interrogateur comme si vous étiez l'une de ses conquêtes. Ou un écrivain, mort aujourd'hui, réédité, commenté, admiré, que vous aviez connu de son vivant, et qui vous avait expliqué, au premier étage du café Beaubourg, en vous regardant droit dans les yeux d'un air de défi, qu'une de ses amies avait vécu un inceste avec son père, et que ça s'était très bien passé. Ou un avocat, qui plaidait au tribunal l'inceste consenti, l'accusé qui sortait libre, un magistrat qui lui serrait la main en lui disant « soyez heureux monsieur ». Deux ans passaient, la fille prenait la fuite avec l'enfant qu'elle avait eu avec son père, et trouvait refuge chez son employeur. Le père tuait la fille et l'employeur. Mais ça pouvait être l'avocat, qui avait plaidé l'inceste consenti, en sachant que les actes avaient commencé quand elle avait dix ans, qui, devenu ministre quelques années plus tard, portait devant le Parlement une loi établissant à dix-huit ans un seuil de consentement. Avant dix-huit ans, le consentement à l'inceste était impossible, il le clamait dans les médias. Par un raisonnement a contrario, le consentement devenait possible après dix-huit ans. Et ça pouvait être tout un gouvernement, qui prenait le risque, ainsi, de légitimer le principe de l'inceste entre adultes, puis ça pouvait être les députés, qui votaient le texte à l'unanimité. Le train arrivait à la gare de l'Est. Je regardais à travers la vitre les rails qui s'entrecroisaient. J'avais un petit sac à l'épaule. Je suis descendu sur le quai. Charly m'avait donné rendez-vous à la sortie qui donnait sur la rue du Faubourg-Saint-Martin. J'étais à l'autre bout. Près de celle qui donnait sur la rue d'Alsace. Vers les voies trois et quatre. À l'endroit exact du hall, où, avant, il y avait les chaises orange, et où j'avais parlé à mon sac de voyage. Combien d'années plus tôt je ne le savais même plus. Des gens passaient. Beaucoup de gens. Tirant des valises. Chacun dans sa bulle. Mordant dans des sandwiches. J'ai renversé la tête en arrière, pour regarder la grande verrière qui laissait passer le jour. Un type s'est retourné, sans doute surpris par le mouvement. Un tabac portait l'inscription « découvrir Paris ». Je marchais dans la foule. J'avançais. Il y avait beaucoup d'agents de sécurité, RATP, SNCF. Un tableau lumineux indiquait le départ des grandes lignes. Le train pour Reims était annoncé, il partait à 18 h 18. Je suis passée devant les arcades qui donnaient sur le parvis principal. Puis devant un grand escalier en pierre. Des voyageurs mangeaient assis sur les marches. Ou sur des chaises bleu nuit disposées en U devant la partie latérale. Le flanc de l'escalier. Sur lequel il y avait une plaque commémorative, en lettres majuscules : « De cette gare, partirent des milliers de patriotes français pour le tragique voyage qui devait les conduire dans les prisons, dans les camps de tortures et de mort de l'Allemagne nazie. Français, souvenez-vous. » Un couple passait avec des grosses valises. Je regardais les gens en me demandant comment j'aurais fait, aujourd'hui, si j'avais eu treize ans, et que j'avais été dans la même situation qu'à l'époque des chaises orange, si un visage m'aurait inspirée, incitée, à trouver en moi le courage de demander de l'aide, et si je me serais adressée à quelqu'un. J'étais maintenant devant l'accès aux souterrains du métro. Les gens traversaient le hall dans le sens de la largeur, pour aller vers les quais, et rentrer chez eux par les trains de banlieue. La plupart étaient seuls. Beaucoup d'hommes. Quelques femmes. Une femme courait derrière une poussette. Les boutiques s'enchaînaient. Relay. Tabac. Starbucks. Des valises. Des téléphones. Un flux continu. Comme à l'époque où j'allais à la Sorbonne, et où je courais pour prendre le bus 38, ou la ligne 4 du métro puis le RER jusqu'à Luxembourg. J'ai traversé le flux. Je suis arrivée au bout du hall. La dernière partie était plus calme. Dehors, dans la rue du Faubourg-Saint-Martin, j'ai vu Charly qui m'attendait. Il portait un bonnet rose. Il avait l'air frigorifié. Les mains dans les poches, les épaules crispées, la poitrine creusée, il tapotait ses deux pieds sur le trottoir pour se réchauffer, il m'a vue, et m'a souri :

— Ça s'est bien passé ?
— Très bien.

Cet ouvrage a été mis en page par IGS-CP
à L'Isle-d'Espagnac (16)

CET OUVRAGE
A ÉTÉ ACHEVÉ D'IMPRIMER
SUR ROTO-PAGE
PAR L'IMPRIMERIE FLOCH
À MAYENNE EN NOVEMBRE 2021

N° d'édition : L.01ELJN000959.A005. N° d'impression : 99407
Dépôt légal : août 2021
Imprimé en France